建築師

慧眼揀樓

環境 時間 方位

建築師慧眼揀樓

著者
蔣匡文

編輯
吳春暉

封面設計
YU Cheung

版面設計
萬里機構製作部

出版者
萬里機構出版有限公司
香港鰂魚涌英皇道1065號東達中心1305室
電話：2564 7511
傳真：2565 5539
電郵：info@wanlibk.com
網址：http://www.wanlibk.com
　　　http://www.facebook.com/wanlibk

發行者
香港聯合書刊物流有限公司
香港新界大埔汀麗路36號中華商務印刷大廈3字樓
電話：2150 2100
傳真：2407 3062
電郵：info@suplogistics.com.hk

承印者
美雅印刷製本有限公司

出版日期
二零一八年十二月第一次印刷

今日西方各國人士都講環境學，但是在最先進的美國及歐洲，有不少富貴豪宅，均受到地震、龍捲風、泥石流等天災破壞。

究其原因，這是因為建造者執迷現今科學，以為人定勝天，在一些有高度危險性的地方選址建屋。用現代的語言解釋，他們建屋時未有適當的危機評估（Risk Assessment）。各位購買房屋，其主要目的是安居樂業，但今日一般的建築師所設計及建造的房屋，並不能使住客入住後是可以從此生活快樂到永遠（Live Happily Ever After）。

環境學的目的，理應可以幫助解決上述的問題，但是大家如果究其內容，今日西方之學說只是「拉雜成軍」，說一些綠化、低碳等虛浮的概念，既無系統，也無完整的學理，沒有理據保證居者可以安居樂業。

反觀中國傳統文化中之堪輿風水，是一套最有系統的環境學說，由於以往堪輿學需要徵驗，又沒有標準考試制度，有不少騙徒、神棍都利用此名堂混水摸魚，俗語謂「風水佬呃你十年八年」，所以從古以來，風水師的社會地位不高，很多是九流術士。

但觀歷史上，不少英明開國皇帝，都擁有一位精通術數的國師扶助大業，漢高祖有張良，唐太宗有李淳風，明朱元璋有劉伯溫，這些都是一代明主，甚麼原因令他們在決策上都倚重這幾位國師？今日西方人對此學趨之若鶩，也正反映這套學術有其實用價值。

2012年筆者在西班牙教完一批外國學生學風水，回港後徒弟吳春暉便提議把一些新舊文章編集成書。編寫工作中，徒弟梁冠文功勞最大，李遠標負責的「香港十八區」平面圖也記一功。

不知不覺這已是個人第九本書，由於前版不少書稿早已絕版，有些書，本人都只餘兩本，要看只可在香港的大學及公眾圖書館借，為了回報舊雨新知的要求，這次是一個較有系統的編集，有舊作有新題，目的是為風水堪輿這個題目作出一個初階入門，解答一些日常風水所遇到的疑問，也希望可以讓學者了解，風水是一套有規劃，有公式的術數，至於信與不信，大家不妨在自己家中或找朋友的一些例證來證實一下，才作一個決定。

蔣匡文

目錄

風水起步

風水影響樓價

在樓價高企的日子，擁有一個石屎蝸居是不少人的夢想。但不管怎樣科學昌明，現代人對風水術數、宗教之類的玄學，比從前更有興趣。這可能是科學的神話已破，也可能是術數有其道理。

不管是甚麼，風水影響某屋某地的樓價已是不爭事實。凡有中國人的地方，連該地的「老番」地產經紀或建築師都要聽風水先生指使。

風水與「有錢的中國人」掛了鈎，結果個個不懂風水的建築師都自認懂風水。台北某大廈因為風水不好，雖然位於市中心旺地，但搞了十幾廿年還未完工。有的大廈不管風水真好還是不好，只要找個懂公關的江湖術士在報章上吹一吹，也會賣個滿堂紅。

因此，不論你公屋上樓，或者儲夠首期買間二百呎公寓，還是買座三千呎別墅，都想找個「風水師父」看看風水，不管他是常常上電視的術士，或只上了四星期風水班的表哥，只希望他大讚你新居「風水好」、「旺丁旺財」，滿足一下個人心理需要，以一萬幾千的紅包買個「心理安樂」也是物有所值。

萬一他把你的未來居所說得一文不值，犯甚麼「交劍煞」、「天煞」，這個房會犯桃花，那個房會犯小人……那時候更要多花幾萬，買個「開過光」的風鈴（開甚麼光，以至甚麼是開光都不要緊），或東窗加個紫水晶，西門加個金麒麟，甚至花錢請這個風水大師到泰國拜四面佛。依樣畫葫蘆，那麼甚麼壞風水都可改好，有錢使得鬼推車！

而看風水最重要的功能，是可以向四表嬸三姨婆解釋，我「英明」選擇的石屎樓是合「天地玄黃」之氣的！這屋有那些風水「特」點，哪裡是甚麼青龍，哪裡又是甚麼白虎，這是個甚麼蜻蜓點水穴。風水便變成一種可炫燿於鄉黨的「有價概念」。

風水影響某屋某地的樓價已是不爭事實。

面對正海景的單位並不一定是風水樓。

認識風水基礎

正因為這是「有價概念」，而大部分人都似懂非懂，所以在買賣地產的「有價」交易中，也可大派用場。

地產經紀往往指出這幢樓有某某明星（三級明星、紙上明星除外）入住，某某有名堂人士曾住過，甚至剛搬出的住戶也是發達才搬走，這個單位及這個地區的風水一定很好，所以你就是花多十萬也要撲這個單位。

「單位面對海景，正所謂水為財，這幢一定是風水樓。」這個時候，就算一個「篤信」基督的地產經紀也懂風水呢！

這些「懂風水」的地產經紀要是遇上了客人帶一個風水師去看樓，假師傅遇上真師傅，他們會緊張得要咬碎銀牙。因為幾千萬一宗交易，幾十萬佣金也可能因為江湖術士幾句話而泡湯！要是這師傅木訥的面上展一下笑容，點一下頭，這個「真材實料」的堪輿大師便一下子變成了經紀的再生父母，這個交易搞定了！

不管是地產商或是經紀，大家對風水都要有點基礎認識，否則會影響賣樓的成績。住房中間有橫樑壓頂，這種單位買賣比較困難，銀行估價都不會高，往往賣不出去。至於廚房建在屋的中心位置，更是犯了大忌，這叫「火燒心」格，設計這種建築的則師一定要炒！

因為海外中國人有錢又迷信，影響所及，老番也對風水興趣大增。由於他們比中國人有組織能力，外國風水學會及外文風水書有如雨後春筍。不過，由於不少「學者」都是「假鬼佬」或「中國番」，這些著作中講算命也是風水，講擇日也叫風水，反正自古這些都是不傳外的秘密，讓這「老番」搞亂名目，也變成咱們的「滅蠻經」。

天地氤氳之氣

「風水」又名「堪輿學」，古代又稱為「地理」，是中國流傳的一種相地學術，用來選擇最適當的地點建設國都或郡縣，以至安家立宅及安葬祖先。希望得到天地氤氳之氣或先人的庇蔭，達到國運祚長，鄉郡盛隆，家族興旺及減少災病等目的。

《淮南子》天文訓篇：「堪輿徐行雄，以音知雌。」許慎注：「堪，天道；輿，地道也。」堪輿實乃取天高地下之意義。

「風水」二字，首見於傳為東晉郭璞所作的《葬書》：「氣乘風則散，界水則止，古人聚之使不散，行之使有止，故謂之『風水』。」風水學上主要講求得聚天地之「氣」，這種「氣」藏在山野四處，散漫於天空之間，但這「氣」遇到河流水道便停止，人居住於這吉氣聚集之地，便可健康長壽，人口興旺。立墳於此，可庇蔭其後人。

這種天地之「氣」有吉有凶，隨著時間而改變運行，有時在東，有時在西，古代術家根據統計、徵驗等方法而總括出一套規律，稱這為「元運」或「天運」。由於各地山川地勢不同，相同元運加於不同地區會產生不同的氣勢，因而形成各地不同的「地運」。

「地運」再加上每個人不同的「人運」及建屋立墳的不同時間，就做成各種複雜繁瑣的變化。這也解釋風水上為甚麼同一間屋，我居吉而彼居凶的理由。

堪輿學術的運用，本來首重建都，其次是遷州立縣，再次是立宅安墳。《地理人子須知》論帝都篇：「帝都者天子之地也，地理之大莫先於此。」因為國都盛旺，也是國家富強之徵。但是在封建社會，談論建都立縣，都有被懷疑想造反叛國之嫌，嚴重時可抄家滅族，因此古代民間術家多避而不談，因而捨本逐末，專注做功夫於建宅安墳等為個人利益之事。

地氣隨龍脈而行

就以「龍脈」這個題材為例，古代風水書中起碼有很大比例是談論各種各樣的「龍脈」。這些文章把一些「地脈」上的形態，以很生動的動物、植物、建築，以及天象來形容，堪輿學上稱為「呼形喝象」。以兩個山之間的山峽為例，有「蜂腰」、「鶴膝」等形容，山峰有「龍樓」、「鳳閣」、「長鞍」、「獅子」等各種名稱，這些名稱是用以幫助後學去辨正「地脈」的吉凶。

「龍脈」一般指地理上山脈凸出山脊的部分，風水上認為這些山脈是傳送地氣的「道路」，在適當的地脈上建屋就是「乘地氣」而得其吉應，因此兩條「龍脈」中間最凹的地方就是兩氣交雜之處，最為不吉。

「龍脈」本身不一定有如迴山之山脊一樣非常凸出，在一些平原地區，這些「龍脈」可能只有幾吋的高差，風水先生「尋龍看穴」往往就是用專業眼光去找這些龍脈。

乘地氣建屋得吉應

如何看風水

風水的時空因素

看某地的風水，最先要注意的是該地的「形」、「理」。

「形」是指「形勢」，也就是某地四周圍的山川形勢，例如某方有高山，某方向有河流大路等。如果某地處於城市之內，「形勢」就是指四周的道路系統，哪方較高，哪方較低，路中主要交通的流向，附近有沒有特別的建築如高塔、廟宇等。

「理」是指「理氣」。風水家認為時間空間與人及樓之間有一定的關係。堪輿學上說：天有「天運」，人有「人運」，屋有「屋運」。某區風水是吉是凶，就要看各運配合與否。

城市之內，「形勢」就是指四周的道路系統。

香港有水有山

三運配合的推算

「天運」是指人所處的時間，例如西曆 2013 年，三元風水上是處於「八運」（2004-2023）之間。2013 年流年是「五黃」入中宮，而這個流年是每年不同的。

因此，每人出世時的流年也不同，這便是「人運」的基礎。

人所居住的樓宇也像人一樣，會經歷生長、少年、壯年、衰老而至死亡，這個生老病死的循環，被稱之為某樓宇的「屋運」。

故此，往往會看見一個情形，就是某甲居於某座樓宇後大發，但某乙搬入同座樓宇後則傾家蕩產，某甲發達是因為其「本命」、「屋運」及「時空」條件配合，雖然屋是一樣，但某乙破產是因為其「本命」與「時空」未必配合，這便是「天運」、「人運」、「屋運」三運配合與否的結果。

「理氣」的方法，就是把這些「天運」、「人運」、「屋運」等東西用一個方程式來代入去推算。而這方法主要是用某屋所處的方向來作判斷的基礎。

「天運」、「人運」、「屋運」三運配合與否，結果也大不同。

2013年		2022年

	南	
四	九	二
三	五	七
八	一	六

東（左側）　西（右側）

北

2013 年流年飛星圖

理氣初探

風水中的數

河圖、洛書

相傳在中國上古時代，有龍馬負圖出於黃河，伏羲見之，逐則之以畫八卦。

在「河圖」中，一與六居於北，代表五行之水；二與七居於南，代表五行之火；三與八居於東，代表五行之木；四與九居於西，代表五行之金；五與十居於中，代表五行之土。之中，又以水（一與六）代表財祿，俗語所謂「水為財」便是源於此。三與八兩數代表木，木是五行中可以由小生大、由少自然變多的元素，故此也代表生機、生長之兆。

自伏羲發現河圖，以後差不多過了八百年，當時洪水泛濫，百姓流離失所，大禹臨危受命，婚後第四天就率眾治水，並且三過家門而不入。各種方法都用過了，大禹始終沒有找到治水的良策，後來有一天，他發現一隻五色彩龜出現在洛水，

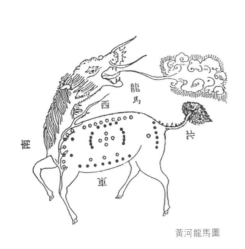

黃河龍馬圖

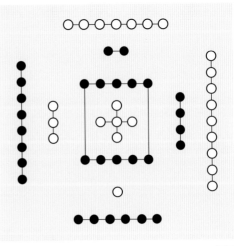

河圖

背上的紋理形態如同文字，他以為這是上天給出的治水預示，
便稱其為「洛書」。

洛書之數的排列，依口訣為：「戴九履一、左三右七、
二四為肩、六八為足、五居中央。」

在現在風水學上，一般以後天八卦配合洛書來表示方向。

洛水神龜書

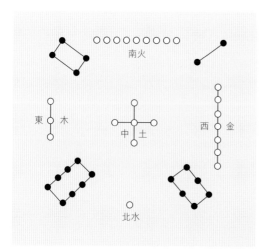

洛書

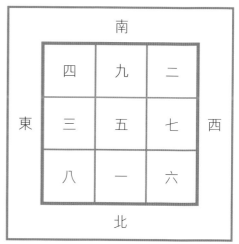

洛書之數

四神

在風水學上，我們家居的地點，除了受地質影響外，亦受四鄰的高山、流水、房屋等環境因素所影響，這一點與現代所說的「環境學」等學說有些類同。

堪輿學有謂：「左青龍、右白虎、前朱雀、後玄武。」這到底是甚麼意思呢？那得要先知道古代中國人是怎樣看地圖的。

古代中國人看地圖是以自己為中心，地圖上南方是在前面（在上方），北方是在後面（在下方），以坐北望向南為正確方位。這與我們現代地圖所畫的北在上南在下，剛剛相反。

「青龍、白虎、朱雀、玄武」就是東西南北四方的山形及其所主的顏色的統稱。

以北在下方，我們的左手邊就是東方，因為東方屬木，所主的顏色是「青」色，故我們稱東方的山巒為左青龍。古代的「青」色是指深藍色，大概與現代的普魯士藍色（Prussian Blue）相近，與藍色及綠色不同。不過，青、藍、綠均為東方的顏色系列，在風水學上是相同的系統。）

以北在下方，那我們右手邊即是西方，因為西方屬金，故西面的群山稱為右白虎。

我們前面為南方，南方屬火，色主赤紅，故南面為前朱（赤）雀。

我們後面為北方，北方屬水而顏色主黑，故北面為後玄武（黑龜蛇）。

古代稱龍、虎、雀、玄武四種動物為四靈，以代表四方的形勢。

南

朱雀

東　青龍　　白虎　**西**

玄武

北

「青龍」、「白虎」、「朱雀」、「玄武」是
東西南北四方的山形及其所主的顏色的統稱。

八卦

古人以「八卦」分割東南西北（即 360℃），每卦各佔 360℃中的 45℃，其中央則稱為「中宮」。而八卦有先天八卦、後天八卦之分。後天先出，然後始有先天。後天八卦配洛書，先天八卦配河圖。

在玄空風水中，是由後天八卦來表示方位的。它們分別是：「坎」在北、「艮」在東北、「震」在東、「巽」在東南、「離」在南、「坤」在西南、「兌」在西、「乾」在西北。

後天八卦圖

東南	南	西南
巽	離	坤
震	中	兌
艮	坎	乾
東北	北	西北

東（左側）　西（右側）

後天八卦配洛書，一般用來表示方位

先天八卦圖

二十四山

二十四山

八卦中八個基本方向可再細分，每卦分為三個「山」，每「山」佔 15℃，分別以下列組合組成：

1、「十二地支」：子、丑、寅、卯、辰、巳、午、未、申、酉、戌、亥。

2、「十天干」中的八個：甲、乙、丙、丁、庚、辛、壬、癸（代表中央的戊、己不用）。

3、「四隅」：乾、巽、艮、坤。

四正向與四隅向

風水上的坐向，簡單而言，可以四正向及四隅向劃分。

所謂四正向，就是正北、正南、正東及正西，風水上稱為子、午、卯、酉。

所謂四隅向，就是西北、東南、東北及西南，風水上稱為乾、巽、艮、坤。

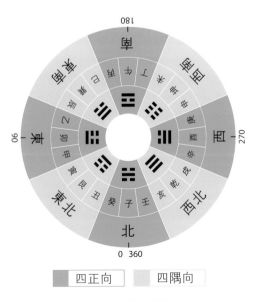

二十四山方位

三元九運

　　現代曆法以年、月、日、時計算，風水學的三元家則有一套將「人類歷史及時間」分為「三元九運」的曆法。

　　風水上，將中國傳統 60 年一個「甲子」循環稱為一個元，三個「六十甲子」合稱為「三元」，共 180 年，分為「上元」60 年、「中元」60 年、「下元」60 年。

　　每三個「三元」又再分為「上三元」、「中三元」及「下三元」共 540 年一個「大三元」。中國古代有一句：「五百年出天子」，意即每五百多年便會改朝換代，無論在科技上、衣飾及文化上都會有重大變化。中國人以「大三元」曆法計算國家朝代更替。

　　在小「三元」180 年之中，中國人把它分為九個運，「上元」六十年為「一」「二」「三」運，以「一」運統領「二」「三」運；「中元」六十年為「四」「五」「六」運，亦以「四」運統領「五」「六」運；「下元」六十年為「七」「八」「九」運，以「七」運統領「八」「九」運。

　　我們現在身處小「三元」中的「下元八運」，由公元 2004 至 2023 年；始於公元 1864 至 1883 年之「上元一運」。

讀書注意

　　這一套 20 年一運的曆法，其實也有它「科學」的理論，以地球為中心觀察，在同一時間，九大行星中的木星以 11 年多環繞地球 1 次，而土星則以 29 年多環繞地球 1 次。簡單計算，此兩星球約在 19 年多在天球某地點附近相會，古人以 20 年為基數，第三次 60 年後則會在同一地點附近相會。

最近的三元九運表

元	運	始於	終於
上	一	1864甲子年	1883癸未年
	二	1884甲申年	1903癸卯年
	三	1904甲辰年	1923癸亥年
中	四	1924甲子年	1943癸未年
	五	1944甲申年	1963癸卯年
	六	1964甲辰年	1983癸亥年
下	七	1984甲子年	2003癸未年
	八	2004甲申年	2023癸卯年
	九	2024甲辰年	2043癸亥年

九宮飛星

九宮飛星的含義

由於筆者師承「三元派」，本書中將主要介紹「三元派」的各種概念。在「三元派」的風水概念中，洛書九宮分佈著九顆「飛星」，它們分別是貪狼、巨門、祿存、文曲、廉貞、武曲、破軍、左輔、右弼。

數	色	名	卦名
〔一〕	白	貪狼	坎
〔二〕	黑	巨門	坤
〔三〕	碧	祿存	震
〔四〕	綠	文曲	巽
〔五〕	黃	廉貞	無
〔六〕	白	武曲	乾
〔七〕	赤	破軍	兌
〔八〕	白	左輔	艮
〔九〕	紫	右弼	離

它們在洛書九宮的位置如下：

東南	南	西南
四綠	九紫	二黑
三碧	五黃	七赤
八白	一白	六白
東北	北	西北

（東、西 分別標於表格左右兩側）

洛書這個排法稱為「基本盤」，但是這些飛星是流動不息的，簡單來說，它們會根據時間而不斷流轉，它的流轉方法，是以「基本盤」中一至九的規律來變化的。

以基本盤為例，五黃星剛在中間「中宮」的位置，它的後一個數「六」星在「西北」乾位，後二個數「七」星在「正西」位，如此類推，我們稱這個盤為「五入中，順飛」。

當這些「飛星」變化時，它也依這規律變化。比如「七赤」星入中，則「七」在中宮，「八」在西北乾位，「九」在本兌位，「一」在東北艮位，推至「六」在東南巽位止。（見圖一、二）

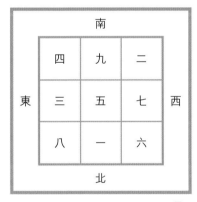

	南	
四	九	二
三	五	七
八	一	六

東 　　　　　 西

北

圖一

	南	
六	二	四
五	七	九
一	三	八

東 　　　　　 西

北

圖二

九星吉凶

　　九星本身是代表世上多種不同事物的「象徵」，舉個例，如果以「六畜」（人類飼養的畜牲）來分類，「六白乾」代表「馬」，「二黑坤」代表「牛」，「八白艮」代表「狗」等等，但同一個「六白乾」，它也可以代表老父、頭、銅、官衙等等多種事物。

　　所以「九星」本身是沒有「吉凶」的，它本身是一個「方陣」（MATRIX），是一個八寶袋，內涵各種現象、器物、方位、顏色等等，有好也有壞，只是有一些星在大數情況下「表現」出較好方面，一般因而稱為「吉星」，其中「一白」「六白」「八白」「九紫」吉多於凶，故常被稱為「紫白善曜」。

　　這個「吉凶」的判斷，是與「時間」配合的。例如「七赤」破軍星一般情況下是凶星，但在七運中則是一顆旺星，見之則吉，但到現在「八運」，它又變成一顆「退氣」之星。

　　「九紫」一般為吉星，但在不好的組合下，它可以變成「火星」，帶來「回祿之災」。

　　九星所代表的事物見下表。

九星代表的現象

九星	卦	六親	吉	凶
一白	坎	中男	文章、科名、聰明	飄蕩、剋妻、傷目
二黑	坤	母親	地產、人丁、開心	病符、寡婦、產厄
三碧	震	長男	財祿、開創、功名	官訟、刑具、哮喘
四綠	巽	長女	文昌、秀女、文人	好色、自縊、婢妾
五黃	無	無	生剋皆凶、宜靜不宜動	損人口、多災病
六白	乾	父親	發富、權威、武職	盜賊、剋妻、官訟
七赤	兌	少女	武貴、發財、旺丁	盜賊、牢災、火災
八白	艮	少男	田產、孝子、長壽	瘟疫、損疾、糖尿
九紫	離	中女	科甲、顯貴、文明	火災、目疾、官非

元運與流年飛星

曆法、地運

　　九宮飛星不單代表不同事物及現象，它也代表「時間」轉變對某屋某地區的影響，這「現象」在古代顯示於三元九運的曆法中，就稱為「地運」。

　　為研究地運，須按三元九運的規律，按當時所處的元運，設定元運飛星盤。

　　比如我們現正處於下元的八運，為表達八運這二十年間的元運，在飛星盤中，以「八白」星入中，則「八」在中宮，「九」在西北乾位，「一」在北兌位，「二」在東北艮位，推至「七」在東南巽位止。這樣的飛星方式，稱為順飛。（見圖一）

　　同樣道理，到了 2024 年之後，便會進入下元的九運，則飛星盤須以「九紫」星入中，順飛得到整個星盤。（見圖二）

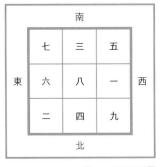

圖一　八運飛星圖

圖二　九運飛星圖

　　每一個運中，山川、地形對宅外環境之吉凶影響也因九運不同而有所改變，所以某地方十年前的「河東」興旺，而十年後則發「河西」，這些現象都有「風水學理」，可以推斷及解釋，並非偶然。

　　以現今八運為例，如此運之形勢，西南有水則旺財，東北方有山則旺丁，東北方見道路也可旺發。到了九運（2024 至

2043 年）北面有水則利財，南面有山則旺丁，南面有路旺發。
九運之後，元運大轉，前後必有大變，如此類推。正如前文
所述，這是大原則，也有少數西南見山而大旺「特例」。

流年飛星的含義

根據中國術數曆法，每一年稱為「流年」，因它有如流水
一樣，非常短暫。但流年的力量及影響非常大。

前己述及，中國古代有一套「三元九運」表，以「三元九
運」的曆法來編排，每一運二十年，都有一個元運的飛星圖。
同樣道理，每一流年也有一個流年飛星圖。「九星」中每年都
有一顆主星編排入「九宮」中的「中宮」，其他都依其數字按
洛書的順序而安排。

這一套「九宮飛星」表歷史非常古老，在敦煌出土的唐高
宗年間的曆書中已有此圖，它現藏於英國大英圖書館內。

以公元 2013 年癸巳年為例，流年五黃星入中宮，六白星
依洛書排序在西北乾宮，七赤在西方兌宮，八白在東北艮宮，
如此類推如圖一。

到了公元 2014 年是「逆」數以四綠入中宮，五黃到乾西
北，六白到兌西，七赤到艮東北，如此類推如圖二。

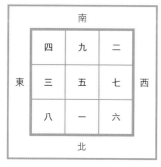

圖一　2013 年

圖二　2014 年

　　這套「流年」飛星在傳統的皇曆中都有明示，這是一套比較簡單而可以幫助大家了解「流年」變化對家宅影響的方法。在「八運」中，「八」「九」「一」一般都是比較吉利的星，以 2013 年為例，在圖一可見，「流年」八白星在東北。如果家宅的大門開向東北，則今年都會比較事事順利如意，好的屋格更可進大財、事業興旺。

　　相反而言，流年中「五黃」煞及「二黑」病符為災星。如果門向西南，則遇病符，若剛巧門前見「動土」「修路」工程，小則會有疾病，重則有各種官司麻煩。

　　大家可以根據此表「簡單」地注意某年對你家中的影響及改變，如果「八」「九」之星飛到你家大門，一般情況下是吉多凶少，整年都比較順利。

　　如「二」「五」飛到門則是「凶多吉少」，要有適當的化解。

　　但要注意，就算是「八」「九」之旺星到門，因為星斗轉移，可能「流月」也會有災星飛到。這月份會出現小問題，「月份之氣節」一過，便會萬事大吉。

流年飛星局

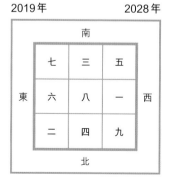

形勢吉凶

土層薄則氣運短

　　有不少朋友都聽過廣東一句俗語：「廣東地薄、富無三代」。這句原意是指在中國古代中原地區，即現在黃土高原及華東平原一帶土質深厚，在農業社會的時代，某一家人的昌盛，出富翁、有仕宦翰林等往往延續十多代，源遠流長，形成所謂「世家」的出現，但是在廣東，這種「世家」往往只有兩三代便衰落。

風水詮釋

風水學指出，這是因為嶺南一帶的山勢未有一個主峰（嶺南沒有北方泰山、恆山等的主山，故只把五個差不多最大的山總稱五嶺而已），加上土層比較薄，故此發運不長久。土質的厚薄，在風水上說是與當地興發的地運時間有關。土質層厚，地運上發運的時間便會比較長久。

科學印證

某地方的「地質」是怎樣，一般人似乎比較難知道。風水家所說的基本「地質」，是指土地最上層的土質，以及其厚薄多少。風水學上談土壤的質地，有點和現代植物學家相似。植物學家一般把土壤分為三類：第一類是含沙質比較重的，這一類土質蓄藏水的能力比較低；第二類是含土質較重的，這一類土質密度比較高，吸水蓄水力強，但相對的空氣含量則較少；第三種是介乎於第一與第二種土壤之間，其含水和含空氣量都比較適中。

第一類土質含水量少，故此植物比較難生長，第二類土壤則因為空氣含量低，有礙植物根部的呼吸，也影響植物生長其中。以植物學家的觀點，第三類土質所含的水和空氣都適中，是最適合植物生長的土壤。

風水學上，也是把土質分類，其中以剛才所說的第三類土質為合乎標準。

此外堪輿學中更把這類土質分為各種顏色及類別，用以分別其中好壞，例如好的土質要有黑白紅黃綠五色的叫五色土、有陰陽兩種顏色混合形如太極的叫太極暈等等。但一般標準，都是以堂地地質厚薄而分吉凶。地面厚薄是以地面表面下一二呎之後的土壤而言，這層土是經年堆積而成。這層土壤至下層碎石層之間便是土層的厚度。

一般來説，在平地因為經年耕作及水土堆積，這土層是比較厚的，所以要決定當地原生土質是厚或薄，一般以山坡上的土層為標準。

化解方法

古代不能改變的地勢，現代都可以用人工方法改造，廣東近兩百年來人才輩出，地傑人靈，也都與廣州等地的人工改造有關。

五色土

原山地利人丁

在風水學上，地勢對居民有一定的影響。但要判斷地勢的吉凶，首先要把地勢分類：地勢可分為「原山地」與「填海地」兩大類。天然平地、高山上的地，以及移平山丘而得之地等，都可統稱為「原山地」，即是天然已成的土地；本來是海，靠移山填海而填成的地，或由河流帶來的泥沙沖積而成的沖積平原等，都可稱為「填海地」。

風水詮釋

風水學上有「山主人丁水主財」之說，原山地的土層堅實，可以承載地氣的流動，因此當其他條件符合的時候，便可帶來旺氣、吉氣，起到旺人丁、旺家族的作用。中國內陸地區的許多農村，民眾以家族的形式聚居，許多家族可以在同一個地區生活、繁衍幾百年甚至上千年，正正體現原山地旺人丁的性質。

如在九龍或新界地區，則傾斜的道路可顯示這裡是原山地。

科學印證

原山地的土質含水和含空氣量都比較適中，既足
夠承受地面上的建築物，又有良好的透氣作用，
為居住於此的人帶來健康的環境。

吉凶效應

如果方位適合，選作家居
住宅，利家中人口。

化解方法

此項無須化解方法。

港島電車線路。簡單
地看，港島區的電車
路以南，大多是原山
地。

濕淫地利財祿

人類因城市村鎮人口增加而需要開發「新土地」，往往會在一些歷史上曾是河岸邊或海岸邊甚至天然水田、水塘等「堆積地」上再建房屋發展。這類原本由「水中」堆積而成的平地，風水上稱為「濕淫之地」，因為這地方有一個特點，它的地下水水位特別高。以上海為例，上海的土地一般下挖 2~3 米左右便會出現「濕土」。

風水詮釋

在風水學上，這類「濕淫」之地因為「水」重、「陰」重，所以有利於買賣交易等商業活動，也包括了「工業」等「污染性」活動。如果在此類土地上建住宅民居，只要坐向適宜，都可以發達，但因為民居要「陰陽平衡」才會得福，所以在男女關係上容易出現各種不平衡的現象，包括夫婦聚少離多，離異，以至未婚男女關係混亂，愛情多波折等等。

科學印證

濕淫之地有不少是由廢土堆積而成，水位又高又濕，容易有不
潔淨的慢性污染，可能會影響「人體」的生理、心理健康。

吉凶效應

如果坐向布置得宜，作為商業、工業中
心，可以大發。

化解方法

盡量不選擇在低窪地段作為住宅。

特例

如果坐向得宜而時運配合，在此濕地建
造之高層大廈可因「天時」配合而大
旺，但旺運一過則凶象會出現。

大師點評

濕淫之地，更適合發展商業、工業等活
動，不太適合建住宅民居，否則容易出
現夫妻陰陽失衡的情況。

四神齊全為吉

一所住屋、辦公屋的四周環境形狀，可以簡單地以「左青龍」「右白虎」「前朱雀」「後玄武」來分析，古人稱此四象為「四神」。

情況：一個好的風水格局，是以「四神」齊全、「四神」包圍而坐吉為上局。

風水詮釋

古代而言，「四神」是指住宅四周天然的山丘高地及樹林。但今天也可以以四周高建築物當做青龍白虎等來判斷。

天然山丘形成的青龍白虎的四神局是「真局」，力量較大，一遇吉則大吉，遇凶也可以減小。

人工建成的建築物格局力量較小，必需要配合時間而行大運，時運一過而不懂補救，就會出現破敗之象。

科學印證

房屋「四神」齊全的格局可使該地區被緊密地包圍起來，起到遮擋及減少颱風、風沙、雨雲等自然災害襲擊的作用。

青龍

白虎

朱雀

玄武

吉凶效應

如果房屋是四神齊全之局，則不管家中財祿厚薄，家中
成員都容易集中在一齊，不會四散東西。

如四神缺了一個方向而又見路或水，則家中人口容易離
散，就算同住一屋也不容易聚首一堂。

化解方法

如果四神缺一方，可把此方的窗門封密，或作遮擋。

不過，在今天，一家人奔走四方發展也未必就是不吉。

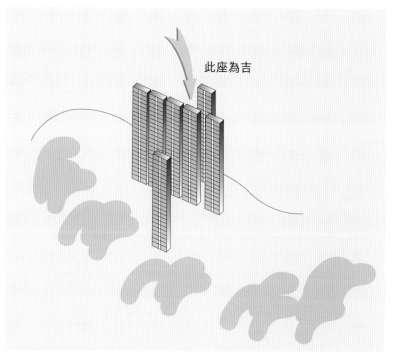

此座為吉

連在一起的一片建築，以在中間處的一座或幾座較吉，因為相對可算是「四神齊全」。而在邊上
的幾座「單邊樓」，雖說景觀相對較開揚，但不是缺「青龍」，就是缺「白虎」，「四神」總有
缺失。

玄武

一間屋或一幢大廈的後面，背靠之方為玄武。根據玄空風水的理論，所有的格局可分為正龍和倒騎龍兩大類。所謂正龍，就是一間屋背靠的一方有實物或有山，面向的一方空曠或見水、見馬路，此稱之為坐滿朝空，例子為今之北京城；至於倒騎龍，形勢剛好相反，背的一方空曠或見水、見馬路，面向的一方見山或有實物，此稱之為坐空朝滿，例子為古之西安城。

風水詮釋

風水上的玄武山，就是一個城市或一間屋背靠之山，若無山可靠，就以看平洋龍為主。

而正龍與倒騎龍兩者孰吉孰凶，則難以一概而論，須視乎整體形勢及飛星決定。

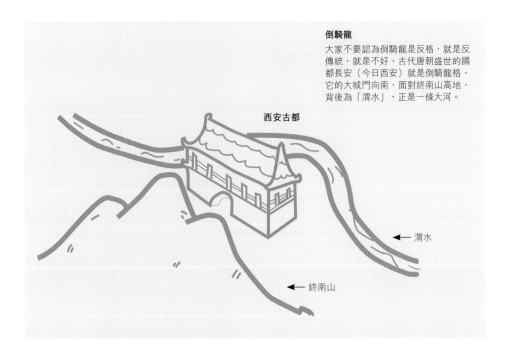

倒騎龍

大家不要認為倒騎龍是反格，就是反傳統，就是不好，古代唐朝盛世的國都長安（今日西安）就是倒騎龍格，它的大城門向南，面對終南山高地，背後為「渭水」，正是一條大河。

西安古都

← 渭水

← 終南山

吉凶效應

玄武一般以屋外格局形勢為判斷標準，至於屋內格局，均以有玄武靠山為吉，就以睡房為例，所有的睡床皆以靠牆為吉，此謂之有靠山，既睡得較安寧，日常亦較多助力；反之，若靠窗而睡，則主四處漂泊，難以安居，助力亦較少。

大師點評

間屋子背靠的一方有山，面向的一方見水，這種情況屬於正龍，稱之為坐滿朝空，但其吉凶也要因勢而論。若玄武之山呈垂頭之勢，則為吉地；若昂首仰顧，則為無情，為凶地。

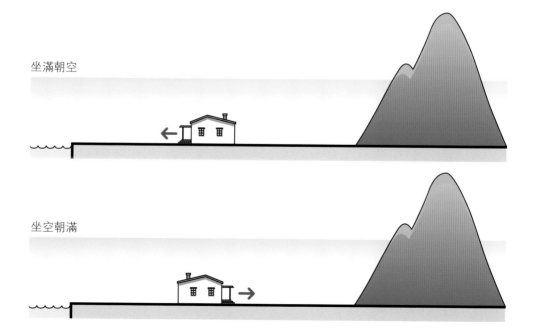

坐滿朝空

坐空朝滿

青龍白虎

以住宅的主向為前，左為青龍、右為白虎，由於古代人向南為尊，左青龍在東方「木」位，右白虎在西方「金」位。

青龍白虎的圖形最早出現於：

情況一：一般較好的格局是左青龍、右白虎同樣高度、同樣長短對稱之格。

情況二：如果青龍白虎不平衡，則以左青龍長及高聳，右白虎短及低伏為較吉利，所謂「青龍高聳、白虎低伏」是吉格。

情況三：剛剛相反，白虎高、青龍低，一般為凶多於吉，但這情況也有特例。

風水詮釋

由於青龍屬「木」，五行中為由小生長至大的「有機」體，代表生長，生「氣」高大主生機旺盛。

右白虎屬「金」，為肅殺、口舌、官司刑獄，故一般主不吉。但這只是個基本，具體還要看「飛星」坐向為最準確。

吉凶效應

青龍長主進財生旺。

白虎長主家易生口舌是非、官司刑獄等事。

化解方法

外局不平均的比較難化解，可以在室內格局上補救，但個別特例要特殊處理，不能一概而論。

特例

白虎高大的格局，一般可以利武職、軍警界，及律師等是非刑獄的行業。一些金屬、金融的行業遇這種格局也會事業興旺。

白虎

青龍

左青龍高於右白虎時形成「青龍高聳，
白虎低伏」的吉格，有利於進財生旺。

外露與凹陷

風水家談每個地運風水，最主要是基本格局好，可以配合附近山水的地形，不會太「外露」（某處地方四面都無掩擋便叫外露），也不會太「凹陷」。舉個例來說，香港北角與筲箕灣兩地的地勢，北角便比較外形外露（北角在港島北面凸出，故稱為「北角」），而筲箕灣、西灣河一帶地形便組成一個半彎的形狀，稱為凹陷。

風水詮釋

過於外露，即是四神中容易缺少「青龍」、「白虎」或「朱雀」，則為四神不全，地勢未成佳局。

凸出為陽形，凹陷為陰形，過於凹陷為「孤陰」，無陰陽調合之美，地勢仍未為佳。

香港東區海旁俯瞰

吉凶效應

這種形格判斷，不單只用於某地區，亦可適用於大廈或屋村的地勢。一般來說，過於凸出或過於凹陷都是不好的。過凸便外露，而會錢財不聚或離鄉遠走。現代人對離鄉都往往習以為常，但在古代卻是不吉利的。

地勢凹陷或可以有錢財，但往往錢財發源於某地，但都不是用於該地，故此或可在此地做生意，但錢銀都流到別的地方。加上地凹必不貴，地區本身都比較窮困，大富人家都不住在此區。

化解方法

地勢乃先天而成，過於外露或凹陷的地段，儘量不要選擇作家宅地。但若用作工商業，或許無妨。

大師點評

以地形來判別，最好的地勢，是本身比較凸但不露，但外面山川環抱而成一個凹形，有陰陽交合之意。

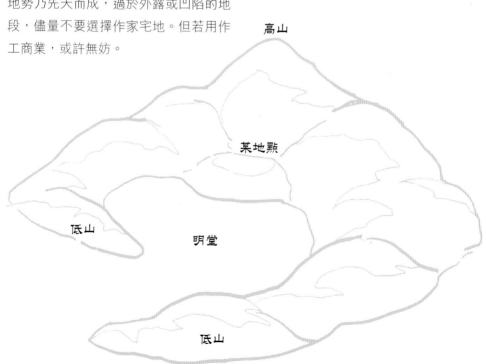

高山

某地點

低山

明堂

低山

案頭

古人擇地而居，喜歡在明堂與住宅之間，有一個輕微隆起的山頭作為案頭。

風水詮釋

案頭的作用就是作為屏障，而且案頭可起氣聚的作用，有利人丁。

在現今的城市中，則是住宅前面有樓層較矮的建築物，這種情況亦適用於商業大廈。

科學印證

建築物前的案頭如遇上海嘯等災害，可作為第一重屏障，減少天災所產生的破壞力。

吉凶效應

樓宇見水又有案頭，一般財氣會較旺，若飛星理氣以及水勢配合，更大利財源。

化解方法

若因各種原因，不能選擇有案頭的住宅或商廈，可考慮在屋前加建圍牆，這樣也可幫助納氣和化解割腳之弊。

大師點評

樓前有路，又有案頭相隔，一般會有比較旺的財氣。

明堂

　　案頭之前的位置，宜有水、有路或有空地廣場作為「明堂」。風水上的「明堂」，也就是來水結聚的地方，一般以平坦寬大而無直射之形為吉。

風水詮釋

明堂的作用，主要是藏風聚氣。地氣隨龍脈而來，在寬大的明堂位置回蕩收納，最後為家宅所吸收，自然帶來吉運。

吉凶效應

理想的明堂應該比較寬闊，若有吉水匯入更佳，因風水上以聚水之地為貴。

大師點評

皇后像廣場位於港島龍脈之明堂，當中有噴水池及流水池，從而明堂得聚水，是香港經濟發達的主要原因。

朱雀昂頭

一間屋或一幢大廈的前面，大屋入口方向為「朱雀」位。這個位置前宜有水，有路或有空地廣場作為「明堂」。「明堂」之後如有屋、有山、有塔、有高物則為「朱雀山」。

如果坐向得宜，則朱雀頂位宜有高山而山體「高昂」平直。
如果朱雀山頂為尖形，是為帶火，如果與山體脈置得宜（此當有訣計算）視為「火星」。
古訣云：「火星不高官不顯」。「火星」合局可利當官。

風水詮釋

朱雀在明堂後把房屋四面包圍，視為「四神全」之局，朱雀緊包「明堂」可利「聚人氣」「聚財氣」。

科學印證

如果房屋只有三面為山，空曠的一面要是遇上特猛的氣流、風暴，以至大水從此方侵襲，則前無遮擋，容易受災。
在 2004 年印度尼西亞大海嘯吹襲泰國布吉島其間，其中有一個海灣前方有一個小島，在周邊的度假酒店都可遠見，這小島變成這海灣前的朱雀山，海灣內則是「明堂」水。
當大海嘯吹襲時，由於有這小島在前作為遮擋，把海嘯的力量減散，所以這海灣內的酒店所受的破壞是受災區內最小的。

吉凶效應

要視整體布局個別而定。如坐向配合，可致大吉格局。

化解方法

此情況不需化解。

特例

不需要長期安居的酒店、展覽館等，一定要有朱雀位，如果合運，可用天時作旺，但時運一過，也會衰敗。

朱雀

大師點評

朱雀昂頭，可以聚人氣、聚財氣，利於當官。

前無朱雀

現代城市擴張，有不少以前的農田草地都成了新開發區，這些開發區的邊緣都容易出現在前面留毫無遮擋的一片田野，而形成前無朱雀的情況。

有不少度假住宿的地方，為了有「海景」或「湖景」都會把住宅建在海邊、湖邊，變成前無朱雀之象。

古人在海邊、湖邊，大多只建一些「亭」「台」「樓」「閣」「軒」之類，作為短暫居留飲宴的「度假屋」，與今日長年安居在海邊的人不同。

風水詮釋

前無朱雀為「氣不聚」，居住者如果「坐向合局」，可旺一時，旺運一過即會退氣。「氣不聚」則「人不聚」，所以家內各成員容易出現「人口離散」之象。

在現代，情況可能是家中兒女出國讀書，父母又因工作而聚少離多。就算一家同居不散，家中人也會為讀書工作各自奔忙，由於工作時間不同而出現「同居一屋，甚少見面」之象。

科學印證

與「朱雀昂頭」一文中的理論相同。

吉凶效應

前無朱雀則會減低對百年一遇的大災害的對抗能力。無朱雀也會減弱家人團聚之力。

化解方法

如「朱雀昂頭」一文，如果是高層大樓，要根據不同情況具體處理，無一定法。如果是低層別墅，可以在朱雀位建一高大「照壁」，作為「朱雀山」聚氣。如果不能建「照壁」或屋有兩三層，高則可在朱雀位種高大硬直的植物，作為代替。

特例

非居住的展覽館等可不受影響。

大師點評

像這種臨海的房屋，面朝廣闊的大海，這就屬於前無朱雀的情況，屬於「氣不聚」的情況，家人容易出現離散的現象。

兜收

以香港的地形來看，很多人的家宅是面對海港的。海面正是我們所說的明堂，以寬大為吉。但面對海港也未必是全吉，還要看看明堂是否有「兜收」。

住宅面前有水，要有吉應，其主要條件是所見的水位外有山把水面圍封起，風水上稱為有兜收，這才是水聚明堂之局，吉多凶少。

如果住宅的明堂，四周都有山或建築物緊密包圍，便稱為物有所「兜」而有所「收」拾。有「兜收」則人丁及錢財聚。

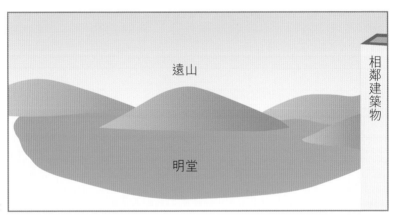

相鄰建築物

遠山

明堂

有兜收之明堂

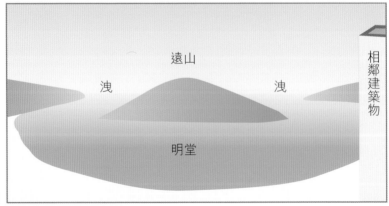

相鄰建築物

遠山

洩　　　　　洩

明堂

有洩之明堂

風水詮釋

如果明堂有缺口，直望遠洋或看不到盡頭，則格局有洩氣之象，影響到人在金錢或子女方面有離散，也就是說賺到的錢不能儲下來，財來財去，或者是子女多與自己分離。在古代安土重遷的農業社會，這種洩氣之局乃天災人禍以至家庭失散之象；而在現代社會裡，往往是子女離開自己去求學或結婚獨立等事情，事態並不嚴重。

吉凶效應

水面有兜收，加上水流緩緩流動不太快，此為吉局，因為水屬動而貴靜，得陰陽平衡之理，水靜則水聚，水聚則大財可聚；但須注意的是，如果水面波濤洶湧，表示該處的水流動得太快，則並非吉應，這樣雖是財來財去，卻不一定大發。

化解方法

此項無須化解方法。

大師點評

住宅面前的水面被山圍封起來，並且水勢緩慢流動不快，此為吉局。

山勢

祖山

　　扯旗山是港島最高的山，亦即港島其他山峰（如畢拿山）之「祖山」。而大帽山是香港最高的山峰，故大帽山便是扯旗山的祖山，餘此類推，大帽山的祖山便是廣東省惠州地區的羅浮山。

風水詮釋

堪輿家把山脈稱為龍，因為延綿山脈像走動的龍，忽隱忽現，由一個山峰轉變成另一個較低的山峰，有時候潛伏在地下，經過一平地，再現一個山峰，而龍之最高峰稱為祖宗。

吉凶效應

一般來說，看風水，只需算一兩個層次的祖山便夠。祖宗山層層走下，很多分支山脈，風水學上稱為「帳」，即有屏帳圍護的意思。祖山轉變成另一山峰之低處，稱為「峽」，再轉到「選擇地點」（即我們居住的中心）前的山峰，稱為「少祖」，也就是玄武山。少祖在選擇地點前左右分支，形成環抱之勢。左右分支，稱為「砂」，也就是左青龍、右白虎。

大師點評

延綿山脈像走動的龍

山形五行

世界上各種山形儘管千變萬化，但以風水歸納不過為五種山形，以金木水火土五行配之，茲圖如下。

木、火山不宜人居

風水詮釋

從山形可知，木形及火形山山勢急峭，龍脈無處停頓，無氣可聚。

科學印證

山勢陡峭，去勢必然來得凶猛，若遇上自然災害，造成的傷亡亦較嚴重。

木形山

火形山

水、土、金山宜人居

水形山

土形山

金形山

風水詮釋

水形、土形、金形各山形皆宜人居，因山勢平緩，沒有太多急斜，龍脈所帶之氣得以停聚。

科學印證

山形傾斜度較低，不容易出現山體滑坡與泥石流等現象。

山形五行各有獨特的屬性和作用，有時一山之中，未必只得一行，可能兼有二行，如金鐘覆火，即金形山下另有火形。

大師點評

山形五行，實為五行的屬性之一，讀者若能對五行的其他屬性有所瞭解，必有所裨益。

五行	顏色	形狀	方位
水	黑	曲形／波浪形	北
火	紅	尖形	南
土	黃	方形／長方形	中
金	白	圓形	西
木	青	豎直形	東

懸崖

風水詮釋

懸崖四周空曠，處處當風，亢陽太甚，有失陰陽平衡之要，而且前面就是萬丈深淵，不僅不能聚氣，而且容易洩氣。

科學印證

懸崖上的土地，長年經受風雨侵蝕，隨時有土崩瓦解的可能，遇上狂風暴雨，由於無所遮蔭依傍，危險性更大，備受風雨蹂躪。

吉凶效應

做事往往孤立無援，一個人勞力勞神，功半而事倍；而且計劃容易橫生枝葉，進展總欠順利。

化解方法

遷徙為宜，權宜之法是將屋移後，拉遠與懸崖的距離。

大師點評

懸崖四周空曠，無遮蔭依傍之處，非常容易洩「氣」，不適宜居住。

山谷

如果住宅處於兩山之間的山谷位置，陷於低窪之地，為不吉。

風水詮釋

風水學上，每條由山頂蜿蜒而下的山脈均帶氣，而山谷即處於兩氣之間，納氣不純，沾染雜氣。

科學印證

處於山谷的住宅，遇上天氣惡劣的情況，尤易出現險情，如兩旁山坡發生泥石流，大量沙石混土向下堆擠，兩山之間的居民自然首當其衝，又或遇到連綿大雨，亦會造成低窪地下積水，危險性極高。

吉凶效應

納氣不純，則事多阻滯，即便在吉向也
發達不持久，但遇惡向卻會變本加厲，
甚至遇上自然災禍的機會亦較大。

化解方法

遠離山谷之地，別無他法。

特例

山谷雖為不宜人居之地，卻往往是絕佳
的佛學廟宇之所，適合出家修道之人，
而如若坐向合局，香火可以大為鼎盛。

大師點評

兩山之間的山
谷位置，屬於
「納氣不純」，
容易沾染雜
氣，不利於修
建住宅，不過
卻是極佳的佛
學廟宇之所。

山頂

如果住宅位處山頂，代表宅主權勢重而財祿較弱。

風水詮釋

在風水學理上，一間屋較鄰居高則代表手握的權力更大，因為在古代體制中，所有住宅和廟堂都有一套極為嚴謹的高低標準，用以清楚地界定社會上各層階級的人物。以清代為例，北京城內各民房的高度皆不可超過紫禁城內太和殿的第三層漢白玉台階，否則即為逾越。因此，可見住宅的位置愈高，住宅中的人權力愈大。

大師點評

一棟房子的高度和這棟房子主人的權力成正比，房子越高，房子主人的權力就越大。

科學印證

一般擁有權力的人，都避免與平民雜居，而喜居於地勢較高的位置，一方面代表地位較普通人為高，是一種優越感，另一方面則居高臨下，清楚地了解整個形勢，方便運籌帷幄。

吉凶效應

由於「山管人丁水管財」，位處山頂，一方面靠山較少，雖手擁大權，家內人口一定不多，即有子女亦會遠走各地，人丁較為單薄，而且做事上，助力亦較小，往往要孤單作戰，旁人總是幫不上忙。同時，既然水為財，由於水向低流的道理，住在山頂的人難免財祿較弱，當然，這是相對而言，對比於富商巨賈，山頂的人財小，但比起平民百姓，當然還算富裕。

化解方法

古代人聚族而居，又以務農為主，人丁單薄，自然減低生產力，所以多視為不吉，但在現代社會裡，一家人分居各地，日見平常，也未必就是壞事。

山腳

居於山腳地區，而地形基本上完美的，一般人丁較旺，但「祿」「貴」之間，則以發祿重於發貴。

風水詮釋

位於山腳，即為有靠山，喻意幫手多，故主人丁興旺。又臨近填海所得的濕淫之地，故在財祿方面亦主有利。唯因地勢較低且較近海之故，所以其主社會地位、知名度等，可能不太高。

科學印證

若論坐地起樓，終究是山腳地區適宜的土地多過山頂、山腰處，而居於山腳的人，也必多於居山頂的人。而從整個社會而言，發富較易，發貴者終究亦是少數，既然是「物以類聚，人以群分」，則聚居於山腳者，仍以未發貴者佔大多數。

化解方法

若本身重丁、財而不重權勢者，則無須化解。若是發祿之後欲再發貴者，則可向山上搬遷。

大師點評

居於山腳住宅，發祿重於發貴。

山腰

風水詮釋

從風水上看，山腰為理想建居選擇。屋後既有巨大靠山，前面又與水的距離較近，在人丁和權財方面可以取得平衡，而所謂山腰位置，是指在山的 1/3 高左右的地方。

科學印證

位處山腰，有山可靠，既免受山頂經年潮濕的天氣影響，又能避免直接受日光照射，如發生海嘯等天然災害，由於身處地勢較高，可幸免於難。

吉凶效應

如前所述，位置在山腰，得後山之助，一般而言，屋中人氣較為旺盛，在做事上，可得之助力亦較大，如得到同事幫忙等；同時又得近水之利，財源有保障，如房屋坐向及四周環境配合得宜，甚至可以大發特發，這就是兼得陰陽和諧的成果。

化解方法

此項無須化解方法。

大師點評

山腰之處，後有靠山，前又與水臨近，利於積聚人氣、保障財源。

山後硬直不化

風水詮釋

屋後之靠山，其龍脈一直由山上向下急速而落，沒有經過停頓，此是「硬直不化」，因「龍氣」沒有停聚，沖勢過急，在此建屋是為不吉。

科學印證

山勢急峭，遇上水土流失，中間沒有緩衝之地，衝力極猛，意外的損毀性更大。

吉凶效應

如凶星到臨，則其禍尤烈，嚴重者甚至可造成人命傷亡，具體情況視乎飛星決定。

化解方法

宜於山坡上植樹，借樹木的生長鞏固土壤，而樹木本身亦可阻擋土石流的衝擊，減輕損毀程度。

大師點評

屋後靠山，如果山勢急峭，則不能停聚「龍氣」，是為不吉之地。

屋後大山變小山

風水詮釋

屋後之靠山，其龍脈一直由山上向下緩緩而落，經過停頓，龍「氣」得以兼蓄，有停、有聚，故在此建屋是為吉。

科學印證

山勢急峭，前有小山或平原時，即使山上水土流失，亦有平原作為緩衝，減低意外的損毀程度。

吉凶效應

具體吉凶情況要視乎小山的形狀，決定其五行屬性，如為火形和木形，則為不吉；如為水形和土形則尚可，如為金形則吉，即所謂之「金堆」，可帶來財運。

大師點評

屋後靠山，大山前有小山或平原相隔，易於「龍氣」停聚，是為吉地。

後山微斜

風水詮釋

如果後山坡不超過 30 度，則視為吉利，因為龍氣緩緩而來，得以停聚。

科學印證

若形勢合局，住宅可得龍氣之助，可大發。即使有大雨沖刷，其泥、砂、石下降的速度也不至過於急勁，到達民居時，去勢都已大為減慢，破壞力亦自然有限。

化解方法

此項無須化解方法。

大師點評

屋後靠山，如果山坡傾斜不超過 30 度，則視為吉地。

靠山太倒斜

風水詮釋

屋後之靠山，過於倒斜，亦視之為「煞」，其倒斜的角度超過 45 度而且要靠近山坡，即是要斜直而近，才合條件。

大廈之高層單位，與山坡相對為斜直而遠，若受煞氣沖射，居低層的最為直接。

科學印證

接近山坡而居，當大雨時，泥、砂、石跟隨大水而下，由於山勢太過倒斜，衝力加劇，直接沖入屋內，造成嚴重的人命及財物傷亡。

化解方法

盡量不揀選這些大廈居住，若要居住則選高層較佳，但這種大廈本身已經帶有缺點。

大師點評

屋後靠山，如果山坡過於傾斜，則視之為「煞」，不適合居住。

植被是龍之毛髮

風水詮釋

風水上的龍，是指每一座山均形如一條龍，而龍氣則沿山脈而下，故此，山頭上的草地植被，就是龍的毛髮，植被愈嫩綠茂盛，代表龍的血脈愈好，風水自然愈佳。

科學印證

一座山頭如長年綠草如茵，表示泥土土質豐沃，水分充足，令植物得以繁密生長，出現土崩瓦解的機會亦較乾旱的山頭為小。

吉凶效應

居於繁茂植披土地之上，做事一般會較為順遂，阻滯較小。

化解方法

此項無須化解方法。

大師點評

山頭上植被比較繁茂，往往代表此地的風水比較好。

山石煞宜武行

風水詮釋

假設一座山並無綠草植被，山石外露，形狀嶙峋，望之令人不安，風水上視為帶煞，對一般人不吉利。

科學印證

山石外露，表示此山長年經受風雨侵蝕，而且土地營養不足，生產力亦較低。

吉凶效應

有利有弊。利者為居於此處的人，一般較吃得苦，為人敢於堅持理念，不輕言放棄，最後建功立業；弊者則容易一意孤行，罔顧別人意見，個性固執。

化解方法

須視乎個別情況，較難一概而論。

大師點評

山上山石外露，且無植被覆蓋，風水上視之為「煞」，不適宜居住。

植物茂盛，財祿豐厚

風水詮釋

植物茂盛則龍氣大盛，主財祿豐厚。當植物於土地上的花果、樹木、生長得茂盛則代表該土地生機大盛，但大廈室內的盆栽則不是。

科學印證

中國人常言道，有土即有財。氣候溫和，土能生長出農作物，自然可以作貿易買賣。

吉凶效應

植物招陰，所以招財，有利宅主財源，而且物質享受一般較為豐盛；但須注意如陰氣太盛，則易招異物。

大師點評

植物茂盛代表龍氣旺盛，是大吉之地，有利於宅主的財源。

山體滑坡，黃土外露

風水詮釋

山體滑坡、黃土外露皆視為「煞氣」，因為龍脈剝落，龍氣受損，主損丁、破財。

科學印證

山體滑坡，易生意外，人口易受傷害。

吉凶效應

屋宅附近黃土外露，則屋中人做事易多阻滯，甚或惹上官非。

化解方法

宜植樹。借樹蔭將黃土外露部分蓋掩，則可不凶反吉。

大師點評

屋宅附近，山體滑坡、黃土外露，均是不祥之地，不適宜居住。

鬼面坡

現在中國各地進行大建設，建屋鋪橋修路，有大量土木工程施工，其中更有不少開山取石取土而挖山。風水上稱這些未有林木覆蓋的泥石或水泥山坡、護土牆為「鬼面」，是一種帶有煞氣的地形。

同樣一個人工土坡，如果有樹林覆蓋則不算是「鬼面煞」。

風水詮釋

「鬼面」這名稱來源，可能是這些山坡表面都是凹凸不平、奇形怪狀，而有此稱呼。

「鬼面」雖有煞氣，但只屬於「小煞」，其吉凶影響以某住宅與「鬼面」之距離，高低而決定。

「鬼面」遠或低於高層住宅則不算凶。

「鬼面」高或壓迫近屋則屬有煞。

科學印證

人工山坡而未有樹林覆蓋，因為沒有樹木吸收及遮擋風雨，斜坡外露，出現滑坡泥石流的「可能性」會較高、較危險。

斜坡較遠及低於房屋，滑坡破壞的風險自然較小。

斜坡近而高壓房屋，滑坡危險自然增加。

吉凶效應

風水上除「山體滑坡」的危險增加以
處,「鬼面坡」對家中人員的身體也會
有不良影響,容易出現傷殘弱智的孩
童。

化解方法

修理山坡及多植植物草木覆蓋則可改善
情況。

特例

「鬼面坡」為「小凶」是指一個靜止不
動的山坡,如果一個相同的山坡但是動
工動土,則此地是動了「土煞」,是大
凶之象。

大師點評

鬼面坡是指那些沒有林木覆蓋的泥石或
水泥山坡、護土牆等,是一種帶有煞氣
的地形。

水勢

平原看路為水

如果在山勢起伏之地，看山看水是非常明確的，但如果在一些平原地區，如上海、天津等地，怎樣看山看水呢？

風水詮釋

堪輿學稱平原的地脈為「平洋龍」，平洋龍看「龍」以「水」為先。因為「風水」兩字的解釋是：「氣乘風則散，界水即止」。意思是地脈之氣遇到大風則會被吹散，遇到有水則會聚集下來。所以古今中外，大部分城市，除了一些因戰爭而要築在山頂上之外，都是靠近大河大川旁發展而成的。

科學印證

古代水路漕運為大量貨物平價運輸的大動脈，有如今日的「高速公路」，由於陸路地面欠缺維修保養，加上盜賊滋擾，驢馬運輸未及漕運。

在城市中未必如蘇州一樣，家家附近有河，所以城市中心之馬路街巷，也像水路一樣，是帶來貨物、商機的道路，甚至是出入必經之路，所以是全家的「生機」所繫。

吉凶效應

以上海為例，上海浦西為古城，今日城隍廟一帶，東為黃浦江，東北角為黃浦江蘇州河交界，稱為「三叉水口」。所以上海之地氣由西至東，又由西南至東北的三叉水口，所以旺上元二運（1864-1883 年）及下元七運（1984-2003 年）。

注：真旺是 1992 年，上海建成浦東之東方明珠電視塔開始，因為這是合「火星」之局。

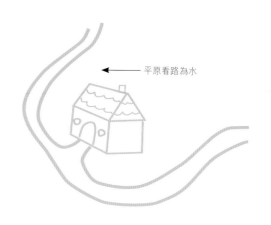

平原看路為水

水是風水學中最重要的聚氣之所，古代比較繁華的城市都有非常發達的漕運水路。

水一路直沖到宅

一般來說，屋前有路直沖為大凶，其實，它需要配合其它條件才算成立。至少要視乎理氣飛星，流年運程等因素，才可辨別吉凶。

風水詮釋

訣云：「沖起樂宮無價寶，沖起囚宮化作灰。」所指的就是該路與某宅的方向關係。屋前直路，風水上認為，這種形格會令這方向之氣加大，情況有如多加一把風扇去鼓動一樣。如果某宅門前剛好有吉星到臨，沖起無價寶，可以大發，旺丁旺財；反之，若有凶星飛到，自然會有災禍，甚至禍不單行，接二連三。

科學印證

門前一條直路，中途並無緩衝區，駕駛者容易加快車速，構成意外，直路末端當然首當其衝，時下許多意外，都是因為駕駛者收掣不及，導致人命傷亡及財物損失。

吉凶效應

一如前述，須視乎門前飛星而定，因此，該宅也可以大發，旺丁旺財。但是，每年每月每日吉凶之星輪流交替飛臨，若適逢凶星飛到，該宅之凶禍也會加倍，破壞力難以估計，而且中國人重視土地看輕遷徙，強調平穩發展的觀念，一屋突吉突凶，大起大落，也嫌變化太大，吉少凶多，所以判為不吉。

大師點評

像這種屋前有路直沖的情況，一般判為
不吉。

直沖路前有擋

前已述及，如果屋前街道直沖到門，叫做「沖」，為大凶。但是，如果前面有水池、安全島等物，則該宅反而大吉。

風水詮釋

這是因為直沖的來氣受物體所阻，而反成結聚之氣。「氣」聚則財聚，水池、安全島後商店、住宅較一般大道之房屋興旺，也是這個理由。

科學印證

既已門前有擋，則交通意外的可能性大大降低，故不為凶。

大師點評

水池、安全島既可擋煞，又可聚氣，當然化凶為吉。

玉帶環腰

風水詮釋

玉帶環腰是指水形或現今的馬路流到屋前成環抱之狀，而且水勢緩慢，仿佛不願流走，風水上稱之來水有性，為吉利之兆。

科學印證

當這河流流轉到彎的位置，若居住河流彎內，因地理之故，免受河水去勢衝擊，做成牛軛現象，牛軛湖即由此而來。

吉凶效應

玉帶環腰，令屋前水流結聚，水為財，故主財源廣進，若屋向為吉，主大發，亦主官運亨通，有利事業升遷。

化解方法

此項無須化解方法。

大師點評

水形或馬路在屋前形成環抱之狀，可積聚財氣，為吉利之兆。

反弓水

風水詮釋

與玉帶環腰相反,如門前水呈反弓之形,如鐮刀砍伐,是屬於不吉之水,其不利情況,需要按飛星而定。

科學印證

當河流流經轉彎位置,若居住在彎外,會因河流大水衝擊,造成傷亡、損失。

化解方法

若情況許可,宜在屋前築牆,阻擋反弓水帶來之形煞。

大師點評

水形或馬路在屋前成反弓之狀,則視為不吉之兆。

割腳水

風水詮釋

許多人以為房屋見水必佳,其實不一定,見水亦要有一定法則,能符合這些要求方為之吉,否則不吉反凶。割腳水正是一例,割腳水即水在屋前,水與屋之間沒有案頭阻隔,形如利刀割腳,故名為割腳水。

科學印證

水在屋前,中間沒有屏障,假如不幸遇上天災海嘯,海上洶涌的巨浪便會直撲屋內,造成嚴重傷亡,2004 年末的東南亞海嘯中,受災最嚴重的正是海邊的房屋,由此可見割腳水之弊。

吉凶效應

具體情況須視乎飛星而言,較難一概而論。

化解方法

選擇有案頭的住宅或遷往高地。

大師點評

房屋與水之間,如果沒有案頭阻隔,不僅不吉反而為凶兆。

天橋高於屋

風水詮釋

天橋高於屋是「煞」，現代的詮釋下，天橋上汽車及行人的往來，就如水的流動，基於水向低流的原理，天橋在上，就是水淹屋。

科學印證

天橋處於住宅之上，天橋上往來車輛及行人所泛起的混濁塵埃，吹向下層，天橋下之房屋自然無法幸免，飽受空氣污濁之苦。

吉凶效應

如為住宅，屋中人的身體情況會較差，而且容易心浮氣躁，爭執較多；如為商鋪，生產額會不如前，有停業裁員的危機。

化解方法

挑選高於天橋的住宅居住。

大師點評

天橋比屋子高，風水上視之為帶煞，為不吉之兆。

屋高於天橋

風水詮釋

屋高於天橋，如門前水流過，未必是煞；至於吉凶，須視乎天橋途經屋前的形狀來決定，情況見「玉帶環腰」和「反弓」兩項。

科學印證

比較於處於天橋之下，住屋在上所受的空氣及噪音污染較少，自然健康情況亦會較佳。

吉凶效應

水雖為財，但可吉可凶。具體情況須視乎天橋的形狀，如為前述之玉帶環腰，固為吉，但若呈反弓之形，則為凶，故難一概而論。

大師點評

屋高於天橋比屋低於天橋要吉利，但具體吉凶也要根據天橋經過屋前的形狀決定。

火形路

風水詮釋

公路上多線行車，若由四線轉成三線，三線轉成兩線等，構成火形，風水上稱之為「火形路」。

科學印證

駕車者會因轉線而易生意外。

高速公路上，汽車風馳電掣，當兩線並合成一線時，隨時因收掣不及或視覺上的盲點，造成兩車相撞，產生嚴重意外。

吉凶效應

主易生意外，具體情況須視乎飛星而定。

大師點評

火形路，容易有意外發生。

門前水聚

風水詮釋

門前見水，一般是吉多凶少，但水勢必須雍聚，因為水流急雖是水旺，但在門前急流而過也只是過眼雲煙，不會留在自己的口袋裡，因此，風水上來說，屋前交通暢順未必為吉，路前塞車也未必為凶。

科學印證

門前道路流量繁密，就容易匯聚人流，人們慢步經過，甚至駐足停留，也就是商機所在，情況總勝於車和人都急速而過，毫無機會可言。

吉凶效應

門前交通雍聚，出於水聚緣故，只要不是塞死，通常都有利商業，特別適合一些需要人流暢旺的行業，如零售業等。反之，若交通暢順，水流過急，則是只見水而不見其利。

大師點評

門前道路繁密，易形成水聚，有利於發展需要人流暢旺的商業，如零售業等。

巴士站

風水詮釋

風水強調水勢雍聚，屋前水流要慢要聚，巴士站正可產生這種作用，因為它們又停又走，川流不息，正合水聚之象。

科學印證

設有巴士站，人流停駐，所以生意一般較旺，唯須注意，路邊的停車位卻不在此列，因為那些車輛不是停停走走，而是長期停放（以小時計），故此，並不符合水聚卻要慢流的要求。

吉凶效應

有利商業營運，蓋人流多，商機亦多，主財源豐厚。

路
巴士站
屋

屋前有巴士站，使道路所帶的「氣」從急沖過而改為停聚在屋前。

大師點評

巴士站，人流不止，來來往往，正合水聚之象，利於財源。

多水射門

風水詮釋

水通向同一位置，此稱為「射」，如多條水（多條道路）沖向同一地點，排出多條破軍龍朝向一點，恍如「萬箭穿心」，這種格局在風水上屬於「大凶」。

科學印證

多條行車線，高速通向同一方向，集中點產生意外的機會自然較高，隨時會釀成人命傷亡的損失。

吉凶效應

法國的路易十四皇帝在位時，下令興建梵爾賽宮，因四周八面的道路均朝向它，起成後多年風水運退，隨後發生法國大革命，路易十六成為第一個被送上斷頭台的法國皇帝。

化解方法

宜在集中點前築起緩衝區，可以是回旋處，可以是噴水池，將直達之氣向兩旁舒散，可減少其凶煞之勢。

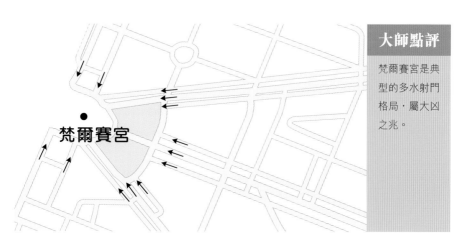

梵爾賽宮

大師點評

梵爾賽宮是典型的多水射門格局，屬大凶之兆。

十字路

風水詮釋

風水上，十字路可收引水歸田之效，廣納各方水利，用以灌溉農田，農作物自然豐收，有利於商業營運。

科學印證

十字路口多，人流視野更遠更多，商店面向的角度亦較多，商品較易為人注意，做成生意的機會自然較多。

大師點評

十字路，可食「四方之水」，而水為財，因此，位於十字路的商戶生意都會非常興隆，是極佳的發展商業之地。

路如織錦，有利商業

風水詮釋

路如織錦，就是街道與道之間的距離較短，構成許多個三叉水口（即現代之十字路口）。道理跟上項一樣，三叉水口多，財氣多，街角鋪也較多，故位於此路如織錦之商鋪皆可受惠。

科學印證

如上述。

吉凶效應

一般處於十字路口旁的商戶生意較佳，蓋可食「四方水」的緣故。

化解方法

此項無須化解方法。

大師點評

像這種許多路交叉在一起的情況，會形成很多十字路口，十字路口越多，財氣就越多，因此，這些地方也是非常適合發展商業的地方。

街道太長，不利商業

風水詮釋

若路口與路口相距過遠，如超過 200 米，則不利商業活動。這與風水上看三叉之說有關，三叉者即兩水交界之處，在現代城市中正是兩街交界之街角位置，因為水為財，理論上，水會集中於此處，三叉位之財氣也較旺，其實，這種設計古已有之，在古代長安城中之商業區稱為東市及西市，區內之街道長短只是一般街道的 1/3，反之，如果街道太長，換言之街角也會較少，街角少，財氣也少，因此，在一條較長的街道中，位於街道中的商鋪生意一般較差；而位於街角的一般較佳。

科學印證

在現代都市中，位於街角的商鋪，由於多開一面，鋪面闊，自然容易引人注目，亦較易吸引顧客，營利也因此比位於街中的商鋪更勝一籌，雖然租金也較貴，卻依然不乏有大量的捧場客。

吉凶效應

儘管街角的商鋪生意較旺，但也有一點多為人所忽視，就是同為街角鋪，如這個街角的生意旺，它對角的街角鋪生意則比較弱，特別是如果某街角有一個行人天橋等設置，效應會更為明顯。

化解方法

選擇街角鋪為佳。

大師點評

一條比較長的街道，位於街道中間的商鋪生意一般較差，而位於街角的生意會好很多。

風水與建築設計經典

創紀之城五期APM

實際情況

APM 位於香港九龍觀塘地下鐵路的觀塘站，處於觀塘最繁忙的道路旁，共有 6 條行車線、2 條火車路軌。

首先要注意地形，整幢大廈面向秀茂坪「大上托石廣場」，背靠「維多利亞港（維港）」，由地下停車場起計算，一共有 12 層作為娛樂、飲食、休閒、購物多樣化的商場。當初的預租率為 120%，比起本身可承租率高出 20%。人流量每日平均為 20 萬，最高峰為 40 萬，晚上 21:00PM-0:00AM，人流量是 30 萬。

APM 的命名意義是指營業開放時間由 AM-PM，現時已開放至凌晨 3 時，相信日後會 24 小時全日營業。

風水配合

大廈辦公室單位面向「維港」，能得水之助力。大廈辦公單位面向「大上托」，亦能得水之助力，因為從「大上托」到「APM」的一段距離中，有無數大廈形成「層層下殿」或者俗稱為「天階水」。

商場各層因「天窗採光」，每層商場得「水」之助力，亦能旺財。

香港地下鐵路的火車路軌經過APM三樓，風水上稱為「割腳」，因此在設計時，特意改變了傳統的辦公室大堂模式，將大堂入口從地下改為建在大廈的七樓，避開了「割腳」的壞影響。

大廈左方為一天橋，天橋起點從對面的小巴站，經過火車路軌之下，延伸至APM左方，稱為「左青龍」，右方為地下鐵路的入口，稱為「右白虎」。正面對著「大上托」為「前朱雀」，「後玄武」為港島的一大片山脈。根據「中州派排龍訣」，APM排得「左輔、右弼吉龍」。

城門氣口得火雷「噬嗑卦」，卦象主飲食，易卦為長男配中女，為陰陽和合之象。大廈的大門朝向東北，故坐向為坤山艮

向（坐西南、向東北），八運時飛星盤為「上山下水」，本主損丁破財，但因面朝配合飛星中「坐滿朝空」（面山背水）的「倒騎龍」格局，反而化凶為吉，亦為得用。而且，辦公大樓的大堂，亦以「中州派收山出煞訣」作為納氣之用。

　　整個商場、辦公大樓的風水設計，完全用上「中州派玄空三訣」。

　　另外，風水上有三垣二十八宿的理論，三垣為「紫微垣」、「太微垣」以及「天市垣」。

　　「天市垣」的基本形勢為兩片山脈，再加上兩水入、兩水出以及「市樓」作為買賣之地。香港本身是一個「天市垣」格局，所以當第二次世界大戰後，經濟急速起飛，從一個細小的漁村，登上亞洲四小龍之位，亦符合了「天市垣」的吉應。

坤

4　1 七	9　6 三	2　8 五
3　9 六	5　2 八	7　4 一
8　5 二	1　7 四	6　3 九

艮

八運坐坤向艮
上山下水
損丁破財
倒騎龍除外

　　APM 的設計亦用上「天市垣」的格局，左青龍（子）、右白虎（卯），為兩水入，通往隔鄰商廈為一水（午），由地面通往商場為一水（酉），共四水，而商場與辦公大樓為「山」之兩片。因此，APM 已被設計成「天上的市場」，利於買賣往來、商業貿易之地。這些都是風水與建築做出的種種配合，把整個商場與辦公大樓都催旺起。

APM 剖面圖

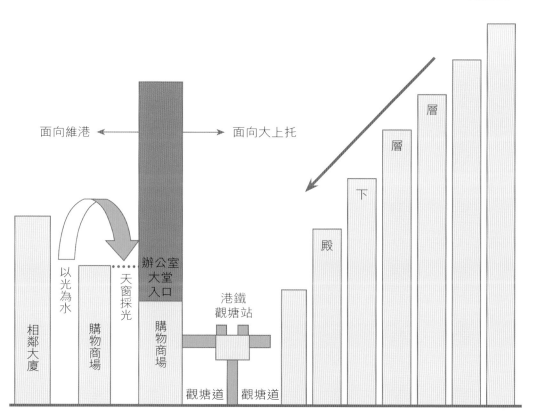

面向維港 ← → 面向大上托

層

層

下

殿

以光為水

天窗採光

辦公室大堂入口

港鐵觀塘站

相鄰大廈

購物商場

購物商場

觀塘道　　觀塘道

妙法寺

寺內設施完善

綜合大樓約高 42 米，具佛殿、大會堂、圖書館、文教福利設施及總辦事處等。整座建築物，下半部像個牢不可破的堡壘，頂層的玻璃幕牆猶如一座碩大的水晶蓮花。

儘管外貌富時尚感，但整個設計依然以傳統佛寺觀念為本它的主要結構，依次包括山門殿（兩位力士）、天王殿（彌勒佛、韋陀菩薩和四大天王）、觀音殿、大雄寶殿等，現在妙法寺的設計，保留上述組合，但並非以直線表現，而是利用樓梯級，逐層安奉，第一層是彌勒佛和力士，第二層是韋陀菩薩、四大天王和觀音殿，第四層是大雄寶殿，把平面變成樓層，但同時每位力士，菩薩的頂部位置全是天窗或花盤，並非通道，避免對諸佛菩薩不敬。

再深入一點解釋，整座建築物其實蘊含了原始佛教須彌山（佛教宇宙觀的中心）的布局，從底而上就是欲界（停車場，辦事處），色界（綜合禮堂），無色界（大雄寶殿）；又可以

5　2 七	1　6 三	3　4 五
4　3 六	6　1 八	8　8 一
9　7 二	2　5 四	7　9 九

卯　　　　　　　　　　　　　酉

八運坐卯向酉
雙星到向

形容為三寶：佛寶（頂層大雄寶殿），法寶（第三層圖書館）和僧寶（第二層禪房）。原始佛教建築所注重的中脈，穩穩就是釋迦牟尼佛的位置，一直下伸到底部。

事實上，信眾進入妙法寺，沿樓梯而上，已親身體會到一些佛法的基本原則，從地面到第一層，共 37 級台階，象徵 37 道品，為修道的重要資糧，到走完這 37 級樓梯，便會見到彌勒佛，開始入道了，再從彌勒佛往上走，共有 108 級迂迴曲折的樓梯，代表人生 108 種苦，走完了這 108 級，眼前境界大開，見到了 8 米高的釋迦牟尼佛了。

妙法寺剖面圖

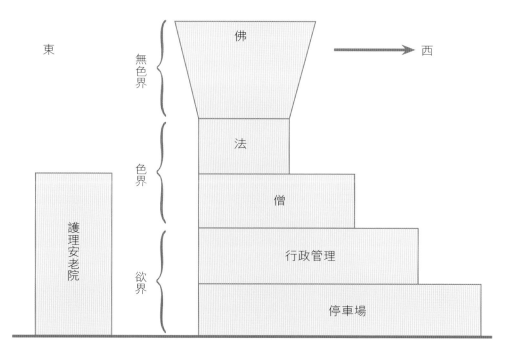

設計富環保概念

　　重建工程因應現時新世紀之環境、文化及建材，以實用及環保為主要設計概念，所有裝修不求花巧，只為便於日後維修保養，所以其中省略的經費可為教育及福利等事業做更大貢獻。樁柱完工後，為改善外貌設計及近年新建材之選料，故須延遲至今年方可開始上蓋建築。

風水設計

　　妙法寺是坐東向西，這個坐向亦是佛教的傳統坐向，因為西方是淨土，而中國佛教勝地——五台山，亦是坐東向西。

　　向前有「輕便鐵路」經過，再朝遠方則見青山作為「朱雀山」。

　　善信會由青龍方進入妙法寺，再經一條小路到達「大雄寶殿」山門。

　　八運時得到雙八到向，善信會帶動雙八旺氣入寺。另外，白虎位見九紫生氣，該處設置一個水井，以催動九紫生氣。

香港十八區
風水大勢

中西區

為甚麼中環是中環？香港的政治和經濟中心，不在上環和灣仔，也不在尖沙咀，只在上亞厘畢道一帶？為甚麼近在咫尺的西環，從來無法與中環媲美，卻特多屠房殮房和道觀？風水上，此與其龍脈和地氣有關，下文就找出中西區的來龍和去脈。

香港自開埠以來，中區雲集以往的港督府、今日的政府總部，還有全球跨國企業、銀行和各外國領事館，全港為之馬首是瞻。早於 18 世紀，中環與上環及下環並稱三環，今日，中環依然屹立不倒，下環早已湮沒在歷史的洪流中。中環可以歷百年而不衰，與其坐正龍脈關係重大。

風水上，一般以當地最高之山為祖山，層層下殿，到少祖山結穴，左右砂成屏障，面前水為明堂所在，明堂上另有昂頭山為朱雀，四神乃全；尚有星羅棋布，分佈外圍，然後格局自成。以香港為例，最高的大帽山為全港山脈之祖山，其東脈由

中區龍脈的左脈作結處，正是現今繁華的中環商業區。

大窩坪蜿蜒而至大角咀，由此潛水下渡維多利亞港，到今西環對出之青州，再抵達西營盤登陸，輾轉而至太平山，成為全港島之主峰，亦即中區一帶之祖山。

　　追尋中區的「來龍去脈」，乃從太平山山頂開始，下殿至現今之山頂纜車站，再轉至舊山頂道一帶，再直落動植物公園附近，並於港督府結穴。或問，如何得知港督府位於正穴之上？這可從港督府的地形印證。凡為正穴，必稍為凸出於山脈上，兩旁則比較低陷，港督府左面的鐵岡和右面的花園道正是如此。

　　而從港督府開始，龍脈一分為三，從左中右三面分支，中脈由港督府直抵政府合署，輾轉落至今已拆卸之拱北行，到滙豐銀行總行作結；左脈則從主教府（The Bishop's House），下沿雪廠街及畢打街，由於左脈為青龍主正財，故成就中環核心商業區的盛況，至今仍是亞洲金融中心；右脈則沿下亞

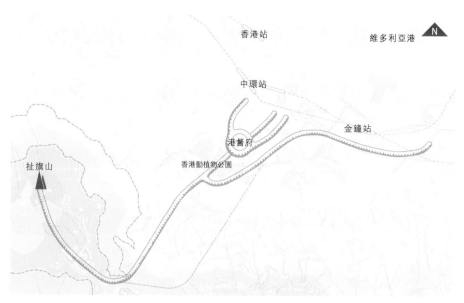

中區的龍脈，從太平山山頂開始，下殿至山頂纜車站，再轉至舊山頂道一帶，再直落動植物公園附近，並於舊港督府結穴。

中區龍脈的右脈經過中國銀行，最後以金鐘一帶作結。

里畢道至花園道附近，經過聖約翰教堂（St. John's Cathedral），到達中國銀行現址，最後以金鐘一帶作結。由於右脈為白虎主刑法，故此早期金鐘等地為兵工廠（即現今之軍器廠街 Arsenal St.），亦曾為日軍拷問行刑的總部，至今則為駐港解放軍總部。可見地氣仍在。此為中區風水的大概。

中區龍脈的中脈最後落在滙豐銀行總行作結。

　　前港督府的選址，正印證了風水上所謂「人傑地靈」之說。19 世紀，英國殖民意識高漲，自《南京條約》後，英國人挑選了香港這個蕞爾小島作殖民地，並於現今禮賓府原址興建港督府。當時中國積弱，而英國國運正盛，西方霸權日熾，自視既高，豈甘於在選址上聽從東方術師之見？卻恰巧於龍脈之正穴建立一地之首府，造成香港多年之繁盛。最重要是，上述情況並非孤例，在世界各地亦有例可援，美國首都華盛頓正是明證！說明了外國人不懂風水，何以亦有暗合風水之舉措？無非國運昌隆，自然選地得宜，可享吉應。

　　值得一提的是，位處中西區的山頂，是許多人夢寐以求的居地，足以炫人的見證。然而事實證明，寓居於此，有人飛

黃騰達，權傾一時，但也有人身敗名裂，破產收場。這樣説明了風水不可一概而論，要看房屋坐向等細節，也要看排龍等大局，再配合天時和元運，爬梳理剔，處處細究考量，始可定奪吉凶。

至於西環的風水，也可從大局著眼。在堪輿的角度，正穴兩旁護砂末端無氣，中環既在正穴，西環淪為護砂，山邊一帶對生人稍為不利，卻對神煞大利。在西環末端，近域多利道一帶，建有維多利亞公眾殮房、道慈佛社、西環屠房、賽馬會診療所，並曾於 90 年代前，設有堅尼地城焚化爐及屠房，如此多非「生人之物」結集一起，大部份更「營業」至今，顯然並非巧合，説明該地適合此等「陰物」。風水上有所謂「地氣」，與其地形堂局與地質有關。因此，要判定某地風水如何，讀者其實可憑蛛絲馬跡（此詞本亦源於風水古籍《龍經》，説尋龍點穴之法）自行判斷，如某地特多「陰物」，則對陽居之氣運始終打了折扣，不妨多加注意。

近在咫尺的西環，則多屠房、殮房、焚化爐、廢物站等非「生人之物」。

卑路乍灣

原堅尼地城屠房和焚化爐

公眾殮房

香港大學

N

港島西
廢物轉運站

龍虎山

摩星嶺

扯旗山

西高山

山頂公園

薄扶林郊野公園

灣仔區

「1 號！1 號！上呀！上呀」是跑馬地馬迷此起彼落的叫喊聲。

「It was the best of times, it was the worst of times.」是灣仔演藝學院內抑揚頓挫的對白。

「唔買都睇下！見係你計平 D ！」是鵝頸橋街市商販招牌式的招徠。

整個灣仔區是香港多元社會的縮影，近海一帶瀰漫著商業味，近山一帶卻又聚滿民居。居於這個商住共融的地區，風水上灣仔區應如何評價？

灣仔區位於香港島中部，北面為維多利亞港，東至維多利亞公園為界，西至金鐘，南面與南區接壤。灣仔區由 11 個小區組成。據政府統計處資料顯示，灣仔區是香港十八區中人均收入最高、人口第二低的一區。

將灣仔區粗略劃分，可分為灣仔市中心、跑馬地和大坑，以及渣甸山三部份。

其實灣仔本身，早就有人用風水來點評。

如果大嶼山及其他離島是香港的屏障，中區無疑就是一個政經核心，灣仔跟中區毗鄰，地位也異常吃重。

今日的灣仔區，和開埠初年的原貌分別極大。香港土地不敷應用，不自今日始。早於 1842 年已經開始非正式的填海工程，現在灣仔電車路以北之土地，皆從多次分階段填海而來。灣仔及銅鑼灣區早年是高尚住宅區，幾番轉變成今日市況，箇中原委，其實與「一頭鵝」有關。

灣仔及銅鑼灣區的風水，可以鵝的身體各部份來概括。先說鵝頭，就是在今日人所共知的堅拿道鵝頸橋，亦即現灣仔消防區所在。以往堅拿道原有一條小河，連接跑馬道黃泥涌流出的河水，流出維多利亞港，後來築起一條橋，連接堅拿道東西兩岸，此即為鵝頸橋的由來。至於鵝頭，就在利園山上，即今日的希慎廣場及白沙道一帶，儘管早年曾將利園山劃平，但

山形還是有跡可尋。讀者站在利園山道與怡和街交界往南望，道路並不完全平坦，而是暗斜向上至希慎道為止，上即為原山地。有鵝頭便有鵝咀，它在現今東角道附近，而鵝咀當然要覓食，其食物就是尚未填海做港島海底隧道出口的奇力島（Kellet Island）上。

那麼鵝身又何在？就是在堅拿道以西，約天樂里口位置至莊士頓敦道一帶，原址為一個小山丘，鵝腳在菲林明道，鵝尾則在今日灣仔街市。

説了這麼多，究竟灣仔及銅鑼灣區的風水何處為貴？何處次之？風水師既以「呼形喝象」形容這區風水，以鵝為名，其中以鵝頭為貴，鵝咀又勝於鵝頭，它就在今天東角道一帶的崇光百貨，每天人流如鯽，商貿大旺的盛況可見一斑，港島亦以該地段索價最昂。至於日常排洩污穢之物的鵝尾自然較次，而側傍的律敦治醫院也是療毒之所，正與地氣吻合。

灣仔像一隻鵝。圖中凹入的海岸為今日堅拿道大水坑的出口，俗稱「鵝頸橋」。

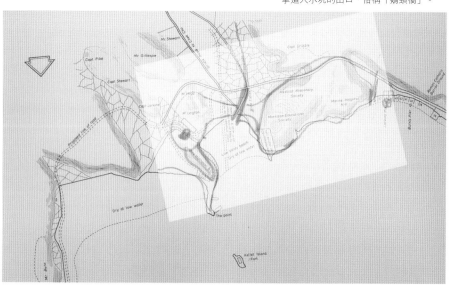

　　此外，觀乎灣仔在開埠初年的海岸線，與今天分別極大。當年近海一帶呈孤型，故各街道坐向不一，若要論及每條街道之風水，須細加量度及考衡。基本上，以坐四正向之單位較旺，發展亦較平穩。

　　但有一點必須注明，灣仔及銅鑼灣區近海一帶道路網絡縱橫交錯，經常車水馬龍，這情況其實利商業而不利民居，風水上凡道路皆帶氣往來，若多方位進出，則所帶之氣亦雜，商業須吃四方水，並不為過，然民居則以納氣清純為吉，不宜駁雜，故該區始終以近山一帶較吉。

跑馬地呈小康之局，實拜東南方之黃泥涌峽道所賜。

跑馬地馬場景觀開揚，但從堪輿學角度看，馬場屬金戈鐵馬之地，煞氣重。

　　至於跑馬地也歸入灣仔區，亦可一談。跑馬地仿如自成一國，普遍呈小康之局，此實拜東南方之黃泥涌峽道所賜。《催官篇》：「巽水一束能救貧」，黃泥涌峽道正從巽方（東南方）而來，途經黃泥涌水塘，帶巽水經藍塘道而至跑馬地中心地段成和道，故利財源。然而，跑馬地過去究竟是金戈鐵馬之地，地氣肅殺，不利一般民居，卻利本身略帶煞帶偏的行業，故特多娛樂圈中人聚居。許多人寓居跑馬地，皆貪圖其開揚馬場景緻，但從堪輿學之角度，其實以看不見馬場較佳。

　　跑馬地可簡略分為藍塘道、成和道及山村道三條由低至高的道路劃分。成和道為最低狹之地，夾乎兩高地之間，故其氣亦雜，觀乎成和道為同區中最多平民化住宅，商業卻最旺，可見地氣之應。至於山村道地勢較為陡峭，風水上視之為帶煞，無怪乎那裡聚滿了佛寺、墳場以及醫院等宜煞之陰物；藍塘道地形寬平，風水較佳，亦最多高尚住宅聚居。

東區

近年據一間銀行調查統計,該區是全港最多百萬富翁的集中地,富裕中產人口最多,傲視餘區。站在堪輿學的角度,這種現象能否解釋?港島東區是否只發財而不發貴?

東區位於港島東北面,範圍涉及銅鑼灣以東的地段,包括北角、鰂魚涌、筲箕灣、西灣河、柴灣及小西灣等。翻開該區地圖,不難發現多個大型私人屋苑均沿港島東海岸線興建,炮台山有城市花園、和富中心,鰂魚涌有太古城,西灣河有嘉亨灣及逸濤灣,柴灣附近有杏花邨,小西灣有藍灣半島,還未計及其他稍為遠離的屋苑如港運城及康怡花園等。

何以這些屋苑在海邊林立,就會造就東區躍身各區百萬富翁之首?

原因其實很簡單,就是東區海岸線極長,風水上,某地可發科貴亦可發財祿,要發財祿,最宜見水,蓋水為財故。港島東各大型屋苑,多依海而建,自然絕大部份單位均可享開揚海景,即使離岸較遠,屋苑亦可依山而立,例如康怡半島亦建於鰂魚涌半山上,由於地勢較高,視線可越過前方物業,遠眺維港,故亦屬見海住宅之列。可見東區大部份單位均可望海,無怪乎具備發財祿的條件。依此推論,港島高山多,平地少,故看到海景的住戶亦多,這樣亦解釋了港島區整體上較九龍及新界富裕的原因。

海邊屋苑的代表——城市花園、和富中心,其身後還有坐落於半山的建築,也享有可發財祿的海景。

然而，東區不止發財，亦可發科名，北角就是一例。

北角位於香港北面，因其地形凸出，故名之北角。早期位於該區之各個屋苑雖極平民化，但歷來名人輩出，香港許多赫赫有名之士，均曾居於北角，青雲路上扶搖直上，在政經界闖出名堂，或在演藝娛圈大放異彩，備受擁戴，儼然有「校長」之尊。

北角發科名，風水上應如何分析？

北角東南面為藍塘海峽及佛堂門一帶，維港海水經由此方流出，故為氣動之地；北面則朝向飛鵝山及筆架山，飛鵝山為火形山，山尖仿如筆尖，為文筆；根據洛書盤，兩方恰為一四，紫白訣云：「四一同宮，準發科名之顯」，加上四為巽，為風，利科名隨風遠播，廣為流傳。整個東區，唯北角盡亨此地利，別處難尋。

東區有眾多大型屋苑可望到海，造就區內百萬富翁人數為各區之首。

城市花園　　太古城　維多利亞港　鯉景灣　N
北角站　　　　　　　　　　　嘉亨灣
和富花園　鯛魚涌站
炮台山站　　　　　　太古站　　　　鯉魚門
港運城　　　　　　　　　　　杏花邨
天后站　　　　西灣河站　逸濤灣
　　　　　　　　　　箕箕灣站
　　　　　　　　　　　　　杏花邨站
　　　　　康怡花園
小馬山
渣甸山　畢拿山　　　　　　富欣花園
　　　　　柏架山
　　　　　　　　柴灣站
大潭水塘　　　　　　　　藍灣半島

　　然而，北角大局雖合，利聲名逕走，可是亦非絕無瑕疵，北角區內的街道走向並不合度。從電廠街開始，至健康西街一段，市況一直未能大旺，此因犯上風水上兼線之弊，蓋納氣不純，卦爻駁雜，差別雖僅以毫厘計，卻可以謬以千里，實不可不察焉。

　　以元運論，現時正值八運（2004-2023），將東區粗略區分，天后至北角為一段，南面得渣甸山北方落脈，北面為維港，九運可旺；鰂魚涌至柴灣為另一段，西南面為柏架山及砵甸乍山等連綿山脈包圍，北面及東北面悉為維港，對岸為九龍東。以八運零正大局以言，鰂魚涌至柴灣等地，東北為水，西南為山，屬零正倒置，財丁俱有損，尚幸北面及東面皆有水，得催宮水彌補零神不足，財運尚算不俗，於八運可得小康。

　　此外，由於港島東大部份屋苑皆沿海而建，雖可近水得利，然而有些單位卻犯上割腳水之弊。所謂割腳水，即住宅與水距離太近，仿如有水割腳，古人深知此不利，故設案頭將之與住宅分隔。臨海之單位樓層愈高，割腳之弊愈甚，具體情況須視全盤飛星判斷。

　　整體而言，港島東的風水雖然瑕瑜互見，始終吉多凶少。

　　而且八運已然近半，10餘年後踏進九運（2024-2043年），屆時南面宜有山，北面宜有水，則港島東又零正合局，財丁可俱旺。似乎這個最多百萬富翁集中地的美譽，港島東尚有一段漫長時間擔任紀錄保持者。

沿海而建，雖可近水得利，然而有些單位卻犯上割腳水之弊。

南區

　　壽臣山、深水灣、淺水灣、赤柱、石澳，一個個耳熟能詳的豪宅區名字，悉數納入南區，這裡彷彿就是非富則貴的代名詞。誠然，聚居此地的人確實較為富有，但是否每個地段都一樣？風水上又如何區分？

　　南區幅員廣濶，是港島四區中面積最大的一區，總面積達4,000公頃。南區也不獨只有豪宅，尚有一般公屋及居屋。

　　眾所周知，整個南區中以深水灣風水最佳，這點從城中超級富豪的擇居地已經反映出來。問題是人人說好，究竟好在何處？

　　深水灣位於壽臣山與淺水灣之間，背靠大欖公園高山，東面青龍位為紫羅蘭山，西面白虎位則為壽臣山，前臨深水灣，明堂左側為「價值連城」的熨波洲，風水上作用極大。熨波洲顧名思義，是把波浪熨平的小島，為深水灣之羅星，令流進深水灣的水流轉緩，平靜無波，成雍聚之勢，無大沖之害，如此財才可聚。《龍經》：「水主動，貴乎靜」此其一。

熨波洲（相片右上角）價值連城，助深水灣一帶形成明堂兜收的局面，造就了深水灣成為香港最富貴的地段。

熨波洲又將深水灣海灘一帶歸納成內明堂，熨波洲以南之南中國海為其外明堂，內外相關，自然財源大旺；而從深水灣往南望去，恰為大小担桿島及二洲島等地，重重疊疊，將海景全方位圍繞，成兜收之局，水大而有收，故出大富，此其二。

而且燙波洲在深水灣之南方，正是朱雀所在，而燙波洲山形高尖，恰為朱雀昂頭之象，此其三。燙波洲價值連城，信乎？

毗鄰之淺水灣，山巒形勢亦佳，份屬富豪聚居之地，唯向南望去，南丫島旁有一缺口，未算完全兜收，若恰為當年太歲駕臨此方，即為克應之期。

香港仔一帶，則於八運零正合局，東北方為班納山及香港仔郊野公園等高地，正神有山，而且香港仔海傍道亦從此方帶當元旺氣而來，故吉；西南面則為香港仔避風塘，零神有水，並有對岸鴨脷洲作其兜收，令水緩動而雍聚，確乎得利。唯香港仔華人永遠墳場在其西面，而且佔地不少，陰氣積繞，而陽宅到底為生人所居，故臨近此方之屋宅，氣運難免要打折扣。

從淺水灣向南望去有一缺口，未算完全兜收。

　　再往西移，則是田灣邨所在，位處兩山過狹之地，西北面為薄扶林郊野公園高地，東面為香港仔郊野公園及墳場，田灣正為山谷低處，山脈龍氣駁雜，故礙於先天限制，一直發展不大。

　　薄扶林道一帶，上有置富下有貝沙灣，雖可享開揚海景，視野左方有南丫島作兜收，右方卻是水大無收之局，一望無際，難以聚水藏風，風水之應是家人離散，家裡不齊人，這在

西高山右脈為敗龍，墳場、義莊及醫院等集中於此；左脈則為吉龍，落於上下碧瑤灣，向為豪宅所在。

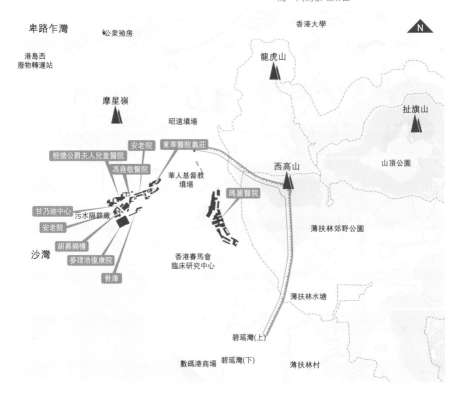

古代視為不吉，但對喜獨居的現代人而言，可能不以為然。而備受熱捧的貝沙灣，數碼港道貫穿其中，可是卻是乾方來路，以現今八運而言，乾為六，屬退氣。

　　薄扶林道再往北移，風水的吉凶則須視乎在西高山何處落脈，始可論吉凶。西高山為廉貞火山，常見一枯一榮之兆。西高山右脈為敗龍，故為昭遠和華人基督教墳場、東華義莊及兒童醫院，左脈則為吉龍，落於上下碧瑤灣，向為豪宅所在。

鴨脷洲通往香港仔的唯一通道恰在東北方，西南方又有水，於八運零正合局。

海怡半島
第二期

海怡半島　第一期

海怡路

怡南路

海怡半島　第四期

海怡半島
第三期

利南路

鴨脷洲橋道

玉桂山

油尖旺

一

　　「旺角卡門」、「廟街十二少」、「明月照尖東」，油尖旺一直是拍電影的上佳題材，道盡許多浮生跌盪的戲劇性遭遇，極盡曲折離奇，現實中的人和事又是否如此？寓居油尖旺，又會上演著甚麼樣的故事？

　　現時的油尖旺，跟香港開埠當年的油尖旺完全不可同日而語。地形上，最大的分別源自上世紀初的填海工程。今日之彌敦道原是海岸線，當年九龍市區土地不敷應用，故於彌敦道以西進行移山填海工程。今日旺角近西洋菜街一帶原有七個小山頭，為填海故將之夷平，並將其山泥用於填平彌敦道海旁，成為上海街、新填地街、廣東道及渡船街等新路，故此地悉為填海地，至於再往西移之海泓道及海輝道等則是近年始填成之土地。

　　簡而言之，彌敦道以東為原山地，地基深厚；彌敦道以西則為填海地，地氣淺薄。風水上，「山管人丁水主財」，若各位稍為留意，油尖旺一帶雖為鬧市，到處遊人如鯽，但總以彌敦道以東之街道，包括西洋菜街、通菜街及花園街一帶人流最旺，逢周六日簡直插針難入，風水上稱為「原山地」，主發人丁科貴；在彌敦道以西之上海街、廣東道等，雖見人流，但始終不及彌敦道以東興旺。相對而言，彌敦道以西的街道既為填海地，水氣較重，為「財祿」，一般主發財而不發貴，而若在凸出或凹入之地填海，甚至會變成煙花之地，上世紀初之西環石塘咀、六十年代的灣仔即屬此例，觀乎砵蘭街燈紅酒綠之霓虹招牌，夜夜流鶯翠柳，實源風水之效應。

花園街
通菜街
旺角東站
N
亞皆老道

彌敦道
砵蘭街
亞皆老道
上海街
旺角站
西洋菜街

新填地街
登打士街
葛打老道
油麻地站

渡船街

彌敦道
加士居道

廣東道
柯士甸站
佐敦站

九龍公園

廣東道
尖沙咀站

尖東站

填海地

彌敦道以東為原山地，
地基深厚；以西則為填
海地，地氣淺薄。另，
油麻地一段的彌敦道，
因坐向兼線，故不如南
北兩頭的旺角和尖沙咀
那麼興旺。

　　孤例不立，港島亦然。該地的原山地和填海地，可以電車路區分，此因電車路乃沿港島海岸線而建，只有部份地區曾作變更。以灣仔為例，現時的電車路沿軒尼詩道而行，凡電車路以南即為原山地，故莊士敦道以及一眾南北走向的橫街如春園街、太原街、太和街等即在此例，其熱鬧情況，與通菜街、西洋菜街等不遑多讓；至於電車路以北，包括洛克道、謝斐道及告士打道，則為填海地，人流總不及莊士敦道等原山地旺盛，卻較利商業，其中杜老誌道原為凹陷之地，曾有同名之夜總會叱咤一時，無人不識，可見財祿之旺。

　　油尖旺雖通稱鬧市，中間貫穿一條彌敦道，但各位如果心水夠清，三地市況其實各有差異。旺角自始創中心開始，到窩打老道登打士街前一段，天天人流不絕，名符其實非常「旺角」，可是自踏入油麻地後，一直到佐敦道，市貌又突然轉趨沉寂，旺只旺在內街。但自佐敦至尖沙咀尾，又會重新興旺。明明同是一條彌敦道，何以出現如此落差？一切一切，其實皆同街道坐向及排龍有關，坐向合度，街道短促，自會全區興旺；坐向兼線，卦氣駁雜，街道又綿長，雖在鬧市亦難大旺。可見風水實在關乎城市規劃，擇地建城始為其大用。

油麻地一段的彌敦道市貌沉寂，旺只旺在內街。

彌敦道以西的西九龍地區基本上為填海所得。

深水埗區

壞了電腦，會去高登找配件；偏嗜舊物，會去鴨寮街尋寶；老饗知味，會去桂林街食髓。深水埗彷彿是一道鬧市中的人文風景線，況味各異，勝覽則一。區外人極多，區內人又如何？

如果用堪輿的說法，那要視乎府上是否居於龍脈之上，「食正龍氣」？街道又是否合度，有沒有上了「歪路」？下文一一細解。

根據全港十八區的分區，普遍被視為窮人聚居的深水埗石硤尾一帶，跟象徵中上階層的又一村，均被劃分在同一區，兩者近在毗鄰，何以判若雲泥？這點要從九龍的龍脈說起。

九龍的九條龍脈。

獅子山

畢架山

竹園

廣播道

飛鵝山

蘇屋

鑽石山

石硤尾

樂富

黃大仙

牛池灣

九龍仔
公園山

又一村

九龍城

大角咀

旺角

嘉道里山

馬頭圍

何文田山

紅磡

尖沙咀

■ 填海地

　　九龍所以叫九龍，是因為有九條龍脈由山上從北到南延伸，落脈地段不同，吉凶亦有差異。這九條龍脈從西至東起，第一條由筆架山下坡至蘇屋邨旁；第二條從歌和老街迴旋處輾轉而至石硤尾、深水埗及大角咀一帶；第三條由石硤尾至太子及旺角；第四條為中脈，經歌和老街至又一村、嘉多利山、何文田山以迄尖沙咀大包米為止，脈絡最長，一脈相承；第五條則從獅子山發脈，途經廣播道、九龍仔和紅磡等地；第六條經老虎岩（現樂富）至九龍城；第七條由獅子山尾落脈至竹園及黃大仙；第八及第九條從飛鵝山發脈，分別南至鑽石山及直落斧山和牛池灣區。

　　明乎此就不難明白，深水埗以至大角咀道一帶，不在正脈之上，因此一直是「難兄難弟」；至於又一村及嘉多利山等地，得龍氣所鐘，得天而獨厚，科祿俱揚。深水埗與又一村的區別，說明了「來龍去脈」之重要。風水關乎大局，又豈只著眼一屋一室之內？

嶠星可增強其所處方位之力量。

　　舉一個實例，大角咀區近角祥道及大角咀道一帶，絕大部份單位均為正向（南北向及東西向），跟港島南區香港富商的房屋坐向完全一致，可大家細心想想，撇除室內間隔及宅主年命等因素外，只單論座向，兩者宅運也未致霄壤之別若此。

　　這裡恰好說明了風水上一個重要認知。今時今日，坊間盛行玄空飛星，儼然風水只發生在九宮格內，發現自己財星到向就竊喜不止，以為鴻鵠將至，但等了又等，財神不見跡影，家中人卻爭吵不斷（凡雙星到向，一定山星下水）。誠然，飛星確是風水重要一環，但卻不可忽略其餘，以偏概全。因為，飛星絕不可解釋何以兩屋坐向與元運相同，理氣一樣，落差會如此巨大？只有兼顧大局和排龍，判斷才可周全準確。

　　言歸正傳，深水埗一帶街道，亦犯兼線之弊。由昌華街至界限街一段，街道走向納氣不純，卦爻駁雜。影響所及，此地之民居亦難倖免，生活比較困苦；至於何以鴨寮街獨盛？此因街上所售賣之貨品，多屬古罕陳年之物，正與帶煞之街道互相呼應，反而大旺。風水上無絕地，又是一例。

鴨寮街上所售賣之貨品，多屬古罕陳年之物，正與帶煞之街道互相呼應，反而大旺。

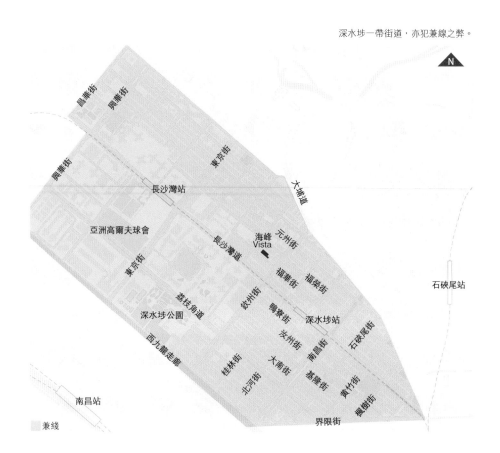

深水埗一帶街道，亦犯兼線之弊。

此外，深水埗區亦屬舊區重建項目，近年有不少新樓進駐，其中位於福華街之「海峰」（Vista）格外巍峨高崇，與毗鄰之舊樓顯得鶴立雞群。此等建築物，即為風水上之嶠星。嶠星可增強其所處方位之力量，或對附近之建築物產生「迴風返氣」的作用。兩旁的建築物，與「海峰」構成的相對地理位置，為判別風水吉凶的其中一個依據。

以深水埗港鐵站為中心點，「海峰」位於其西北面，八運未來生氣九紫即在此方，故聚居於港鐵站左右的居民，乃得此嶠星生氣神益，有利財運；然而，若「海峰」位於府上的西南方，卻是八運五黃所在，麻煩卻會較多。

因此，看風水，是一盤複雜的數，要看形勢，也要懂計數，形理必須兼察。

九龍城區

　　喜歡歷史的人，九龍寨城是一闋尋幽搜奇的故夢；嚮往美饌的人，「小泰國」是舌尖上一抹難忘的滋味；苦心孤詣的父母，41校網是魂牽夢縈的理想地；九龍城的魅力難擋，別區的人都愛移居，如果心願可以得償，究竟是好是壞？

　　九龍城區東至聯合道、東頭邨道及太子道東，與黃大仙區為鄰，南向維多利亞港，西面則以港鐵東鐵線路軌為界，再往西為深水埗區，西南面則與油尖旺區接壤。

　　整體上，九龍城的範圍包括九龍塘、馬頭圍、土瓜灣、紅磡及何文田等地。

九龍城市中心一帶，各街道相對短促，且成疏篩狀，水口眾多，排得吉龍機會大；而且街道為正南北走向，商舖東西對向，風水上為卯酉向，七運飛星丁財大盛。

　　九龍城區東南方為維港，為水，也是前啟德機場的所在地，飛機早晚升降，可視之為動水，龍經：「水看對面，風向來方」，故九龍城地運自六運後開始起飛，人流暢旺，市況熱鬧，各式食肆林立，尤以泰國菜最為盛行，食店聲名大噪，有小泰國之稱。

　　踏入七運，九龍城市況更旺，可謂集地利與天時於一身。九龍城市中心一帶，賈丙達道以南原為津渡，水氣稠重，故利商業，此其一；再加上各街道相對短促，且成疏篩狀，水口眾多，排得吉龍機會更大，此其二；而且街道為正南北走向，於是商舖東西對向，風水上為卯酉向，七運飛星丁財大盛，此其三；配合舊機場之乘旺，九龍城幾乎無人不識。

舊啟德機場每天的飛機升降，帶旺了九龍城區。

可是踏入七運中後期，舊啟德機場遷往赤鱲角，東南面失去動力，巽宮退氣，令九龍城轉趨沉寂，名聲冉退；部份商舖亦曾易手，大裝修後再營業，屋運更新，坐向未改，八運反而失色，舊舖卻仍乘七運餘氣，延續氣勢。這是個有趣現象，扭轉了一般人以為時值八運，樓宇皆以八運為吉，九龍城恰為反證。風水強調適時適運，信焉？

無論如何，九龍城整體市況相比於全盛時期顯得遜色。可幸的是，走了個機場，來了個啟德郵輪碼頭，九龍城的頹勢可期回勇。郵輪碼頭預料將於 2015 年中投入服務，大型郵輪每日進出維港，帶來世界各地遊客，又再名揚中外。若可增建巨型海上噴水池，大振文昌之氣，九龍城區可得以「激活」，回復生機。

此外，將於 2020 年通車的沙中線，也對九龍城區的風水產生正面影響。擬建中的沙中線，以大圍為首站，經鑽石山而至啟德，從九龍城區東北面駛過，並於啟德設站，轉達土瓜灣，

啟德新郵輪碼頭落成後，將有利於九龍城區回復生機。

再輾轉至港島金鐘站。現正為下元八運，沙中線鐵路正從八運
艮方旺氣往來，為九龍城區一帶注入動力，包括土瓜灣、馬頭
圍及何文田等地，故整區可予看好。

若追求科名，子女學業有成，全個九龍城區，以廣播道一
帶最為理想。觀乎廣播道的道路設計，與香港其他道路大異其
趣，相信是出於民防考慮。一般道路網絡，皆以四通八達為原
則，至少多過一條道路出入，避免一條路出現擠塞便成無路可
逃的困局，唯廣播道僅得東南面一個連接聯合道的出口，餘皆
為遭圍攏之單程路，故該處即為廣播道的總氣口。東南面在八
卦方位上為巽宮，其數為四，而廣播道北面正對獅子山隧道出
入口，八卦上為坎宮，其數為一，為貪狼。玄機賦云：「名揚
科第，貪狼星在巽宮」，水生木旺，利名揚身貴，故對讀書有
極大裨益。

廣播道的封閉式設計。東南方巽宮為總氣口，北面坎宮又正對獅子山隧道出入口。

黃大仙區

「人生中有歡喜，難免亦常有淚，
我地大家在獅子山下相遇上，總算是歡笑多於唏噓！」

耳熟能詳的歌詞，娓娓道出在獅子山下的生活況味。正正活於獅子山下的黃大仙區，是否又充斥著歡笑和唏噓的故事？

黃大仙東面以飛鵝山為界，東面及南面與觀塘區及西貢區接壤，西面沿聯合道、東頭邨道，連接太子道東，與九龍城區劃分。

勾勒黃大仙區風水，不得不提獅子山。眾所周知，獅子山因形似獅子而得名。整座山以花崗岩構成，山頭遍佈岩石，巉巖嶙峋，而且山勢險峻，風水上稱此為帶煞之地。古代術家，放眼山川形勢，評定一地之風水，自有一套「呼形喝象」的標

獅子山

準，而且為方便記憶，喜以動物或物件稱之，凡某山山勢和緩，草木扶疏，望之悅然，便以瑞獸瑞物命名，如駱駝、筆架；但如山形陡削，惡形惡相，則以傷人猛獸冠之，如老虎、獅子等，獅子山即屬一例；而從山形五行觀之，獅子山為廉貞山，帶惡煞之象。

其中又以獅子山尾落脈煞氣最大，先經過竹園以至黃大仙上下邨等地，由於山形陡峭，而且來勢凶猛，非一般人可以承受，除非本身從事帶煞之行業者，一般紀律部隊如警察、或主理刑事案的律師等，皆屬匹配，唯若有家人同住，則終難全吉。

但有一點必須強調，風水為術數，術數之源皆本於易經。易經為二元論，陰陽互參，同時陰中有陽，陽中有陰，故在風水上，並無全吉或全凶之地，須視乎其用為何始可定奪。以獅子山下的黃大仙區為例，居於黃大仙上下邨及竹園邨，如以往之東南西北座，礙於先天條件，龍氣帶煞而來，往往不利於普通人聚居，影響所及，生活一般較為艱苦，早出晚歸，辛勤工作亦只僅足餬口，於是難免在獅子山下，上演著充斥汗水和淚水的真人真事，給電視和電影提供了豐富題材。若再加以細分，風水上有所謂「廟前貧、廟後富」，黃大仙下邨正位於黃大仙廟之前，風水亦較上邨差。

然而，黃大仙如用作非「生人」之居所，卻是大吉之地。在其南面正脈之穴位上，正為香火長年鼎盛的赤松黃大仙祠。各位還記得，每年大年初一子時，竟有擠滿了帶著潛水鏡、衛生口罩和長 cap 帽等全副武裝的善男信女，為一注頭炷香爭得頭崩額裂；至於獅子山北脈正穴上的車公廟，全年遊人絡繹不絕，特別是則逢年初三赤口，許多人排上老半天，只想一轉廟內的風車，祈求運轉乾坤，新一年紅運當頭。據悉，每年車公廟的遊人多達 50 萬，故獅子山之惡煞，恰是道觀寺廟的靈秀獨鍾，最利方外之人。

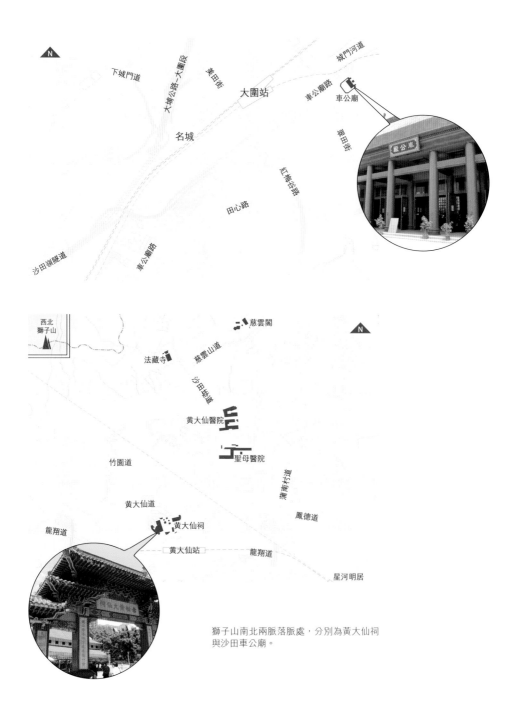

下城門道

大埔公路－大圍段

美田街

大圍站

城門河道

車公廟路

車公廟

翠田街

名城

紅梅谷路

田心路

沙田嶺隧道

車公廟路

西北
獅子山

N

法藏寺

慈雲閣

慈雲山道

沙田坳道

黃大仙醫院

竹園道

聖母醫院

蒲崗村道

鳳德道

黃大仙道

黃大仙祠

龍翔道

黃大仙站

龍翔道

星河明居

N

獅子山南北兩脈落脈處，分別為黃大仙祠
與沙田車公廟。

「老虎岩」仍有跡可尋——
中電「老虎岩變電站」。

　　因此，讀者擇址安居，如某地附近有寺廟，不妨留意其盛
衰臧否；香火愈盛，該地陰氣愈旺，並不適合生人居住；反之，
如果門庭冷落，善信絕跡，可反證該地陰氣不長，陽氣亢盛，
有利生人安居，讀者可以此為參考。

　　至於慈雲山等地，則為獅子山尾的落脈。風水上，一地如
以某種動物命名，皆以其頭部為貴，其尾為次。慈雲山地形陡
削，觀乎其西側的沙田坳道，陡若翹角，從高而下來勢凶猛，
欠缺停頓緩衝，龍氣難聚，落脈無處可停，一瀉而下，故居於
此地常見奔忙，不易安穩。

　　黃大仙區西面為樂富，上世紀六十年代稱為「老虎岩」。
在獅子山山腳，原有一塊巨大岩石，屬帶煞之物，乃以老虎名
之。老虎為傷人猛獸，不利民居，此地過去為橫頭磡徙置區，
聚居貧苦大眾；今日稱為樂富，名稱雖變，地氣未改，原址仍
為橫頭磡邨，是社會上生活得較清苦一群。而老虎岩一字仍然
有跡可尋，中電在此區設有「老虎岩變電站」。故黃大仙區原
為獅虎盤踞之地，山石嶙峋，整體上，利寺廟多於利民居，這
是先天之氣，不是人力所能盡挽。風水非萬能，又是一例。

觀塘區

「起動九龍東」！觀塘區是重點對象，不出十年，裕民坊一帶就會變天，昔日的街坊風味和舊物足跡將蕩然無存，現代化住宅和商廈將處處矗立，市況煥然一新。可有想過，觀塘為何不早在七運（1984-2003），不遲至九運（2024-2043）起動，正正時籍八運（2004-2023）才轉變？風水上可以找到答案。

觀塘是香港早年發展的區域，市況一直變化不大，區內舊樓林立。直至近年，政府計劃將九龍東打造成中區以外的另一核心商業區，重建項目規模之龐大，前所未見。這與該區時運之轉變關係重大，形勢合乎當元，時來於是運到。

觀塘區為九龍最東一個分區，北面為安達臣石礦場，東至藍田，以五桂山與將軍澳分隔，南面為維港近舊機場跑道段，西面為九龍灣，西北面則以飛鵝山與黃大仙區為界。

大上托位於觀塘東北面，山勢層層下殿，途經曉光街、曉明街一帶，一直蜿蜒抵達裕民坊等地，八運正神之力甚大，人丁持續大旺。西南方則面向觀塘避風塘，再對出為廣闊維多利亞港，零神方需見水而得水，故於八運零正俱合局，旺丁亦旺財。

觀塘區八運零正俱合局，旺丁亦旺財。

從九龍灣到觀塘一帶的填海地範圍。

彩紅站

九龍寨城公園

宋王臺公園

九龍灣站

牛頭角站

觀塘避風塘

觀塘站

維多利亞港

填海地

N

　　同時，狀如破口的大上托近年終於停工，山主人丁，令觀塘終日奔忙的人口得以歇息，亦有助觀塘人丁轉旺，令整體佈局改觀。

　　此外，將軍澳隧道連同將軍澳道亦從東北艮方而來，迢長路遠，將當元旺氣源源帶至，為觀塘區注入當元動力，這正解釋了為何觀塘市貌一直維持多年，近年卻掀起翻天覆地的轉變，不斷有甲級商廈及商場進駐，引來鉅大人流和消費力，盛況攝人。

　　而且觀塘也是原山地與填海地本質分野的最佳寫照。

　　翻閱香港開埠初年地圖，以九龍東部而言，現時之土瓜灣道、宋皇臺道，東往太子道、彩虹道，以至觀塘道一帶，原為海岸線，後經填海後始成今日面貌。讀者不難發現，在這片填海地上，是新蒲崗、九龍灣工業區以及觀塘商業區一帶，此皆因地氣使然。就以觀塘區為例，各甲級商廈紛紛落成，多如雨後春筍，亦悉在觀塘道西南方，此因填海地水氣稠重，風水上水為財祿，故利於商業發展。

　　而於觀塘道東北一帶，則為原山地，上文提及山管人丁，故以民居佔絕大多數，亦較利安居。觀乎這情況雖逾經年，依然至今未改。一條觀塘道，將東北與西南明確區分，涇渭分明，可見風水地氣之力。

　　原山地旺丁，填海地旺財，讀者選址擇居，可因應個人取向作出決定。

葵青區

　　她們聯群結隊、穿著三角骨褲、各自挽著一個紅色的膠壺——還記得曾經盛極一時的「工廠妹萬歲」嗎？上世紀六十年代，香港的生產力尚未北移，工廠大廈林立，密集在葵涌一帶，到今天製造業式微，葵涌亦搖身一變，成為眾多私人屋苑的集中地。在這種轉變下，葵青區的評價如何？

　　葵青區北面以荃灣德士古道、和宜合道、昌榮路及青山公路北為界，南面則以荔景山路及呈祥道以南為限，包括大窩口、葵興、葵芳以及青衣島等地，南至荔枝角為止。北面為大帽山，一直連綿至東面的金山，半個葵青區被山包圍，西南面望藍巴勒海峽，遠眺維港。

現今八運，葵青區符合大局零正的要求。

青衣大橋 (北橋)

青荃路

北
大帽山

葵興站

N

荃灣路

葵芳站

避風塘

青葵公路

葵青路

青衣大橋 (南橋)

五號貨櫃碼頭

一號貨櫃碼頭

荔景站

二號貨櫃碼頭

藍巴勒海峽

三號貨櫃碼頭

葵涌道 青葵公路

四號貨櫃碼頭

九號貨櫃碼頭

美孚站

六號貨櫃碼頭

■ 填海地

　　在中國的占星學中，把天上所有星宿分為「三垣廿八宿」，三垣為「紫微垣」、「太微垣」及「天市垣」，廿八宿則各有七組星宿，分踞四方，東為青龍，西為白虎，南為朱雀，北為玄武。古人認為，這三組成員有如一座「城垣」一樣，各自成體成形。《易・繫辭》：「在天成象，在地成形」，意即天上的星象，會反映在地上的山川形勢之上，二者互相呼應。香港就是三垣廿八宿中的「天市垣」局。顧名思義，天市就是天上的市集、生意往來的地方，而葵青區的貨櫃碼頭近海部份正是天市垣內市樓所在，是市集中交易最頻繁之所，因此自上世紀七十年代開始，葵青貨櫃碼頭已經蜚聲國際，一度是世界最繁忙之貨櫃碼頭，全年處理近二千萬個全球各地貨櫃單位，至今仍緊守三甲位置。

　　葵青區位於大帽山南面落脈，在荃灣區一文提到，大帽山巍峨峭拔，山勢急瀉，屬帶煞之地，故於荃灣區多廟，而於葵青區則化煞為工業。古代看重科舉功名，視工業為煞，於是葵青區一直是香港工業重地之一，此皆地氣使然。

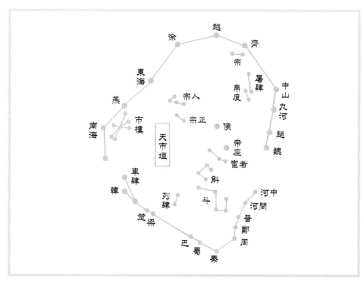

香港地形，就象天象三垣廿八宿中的「天市垣」局，而葵青區的貨櫃碼頭近海部份正是天市垣內市樓所在，是市集中交易最頻繁之所。

　　而且，由於香港可用之地捉襟見肘，葵青區葵涌道以西的土地，均從填海而來。這些原為湖海，後經沙泥堆塞而來之地，古代稱濕淫之地，多利商業；然而又因「客土無氣」，並不適合強調根基穩固的家庭倫理關係。古代以務農為生，著重生產力，人多當然好辦事，故多大家庭聚居。因此如某地地氣浮淺，雖利商業，卻人丁飄伶，風水上視為不吉之象，多另遷地為良。然而，現今的標準與古時不可同日而語，小家庭現象十分普遍，家居在濕淫之地上，情況不如古代嚴重。

　　故此，如果擇居葵青區，宜先清楚自身目標，想追求財富，還是追求人和？簡言之，若選擇在填海地上居住，如青衣的藍澄灣、灝景灣，或荃灣西約的海濱花園等，一般均利進財，但家庭人丁較薄，亦多各自忙於「搵錢」，相聚時間較少。至

青衣市中心區是西南有山，東北有水，八零為零正倒置。

長安邨

灝景灣

N

長安邨

長安邨

青荃路

擔杆山交匯處

青衣大橋 (北橋)

盈翠半島　青衣站

青敬路

藍巴勒海峽

避風塘

青衣運動場

青衣公園

西南
三支香

於擇居於原有土地或山上的住戶，例如葵涌半山及荔景山一帶的住宅情況則恰好相反，可能「搵錢」相對不多，家人聚首時間卻較多，彼此關係也較融洽。

至於從大局而言，現今八運，葵青區符合大局零正的要求，如前所述，葵青區東北面有大帽山蜿蜒而至的金山山脈包圍，西南面為藍巴勒海峽，正合東北有山，西南有水之局，唯零神得水亦僅此一端，其餘在催官吉神東方及東南方，皆為金山支脈，見山不見水，財運始終不算全吉。北方為八運另一零神方，亦為大帽山所據。

在葵涌區內之通衢大路，其走向不盡合八運要求之法度，僅以興芳路一帶較吉，讀者可從以此路段沿線搜索，再按自己要求，找出心水居所。

遠眺葵青貨櫃碼頭

荃灣區

　　各位善男信女，可曾到過「圓玄學院」參拜？或者看過香海慈航那艘船廟？上過龍母廟問過聖杯？荃灣半山上小小一片土地，何以寺廟林立，道觀密佈？其實與其風水大局有關，在方外之物籠罩之地，民居又如何？且從下文找答案。

　　荃灣區位於新界西南面，北面以大帽山郊野公園近城門郊野公園為界，西至青龍頭，南至荔景山路九華徑，東面以金山郊野公園西面為限。而馬灣以及大嶼山東北面亦屬於荃灣區的範圍。

大帽山山勢陡斜急瀉，為帶煞之地，家居並不為吉，但卻是置廟安寺之佳地。

北
大帽山

N

紫竹林泰國四面佛

静觀林

静觀林

圓玄學院

西方寺

香海慈航船廟

地藏閣

法年聖舍

寺院

藏傳佛教聯合會

佛光净舍

珠㘭禪院

菩提園

福善堂

烈女宮

净音佛閣

東普陀講寺

竹林禪院

福慧寺

東林念佛堂

骨灰龕

象鼻山路

荃錦公路

石围角邨

荃灣位於大帽山山腳。大帽山高崇陡峭，若各位曾途經荃錦公路荃灣段，一定印象深刻。風水上，若山勢陡斜急瀉，中間無停頓緩衝，皆視為帶煞之地，並不為吉，但卻是置廟安寺之佳地，在大帽山下荃灣短短一段路，各種佛堂道觀竟多達六七間，較為人熟悉者有圓玄學院、香海慈航、龍母廟、地藏閣、潮音淨院及先覺祠坤堂等。如此佈置絕非巧合，觀乎獅子山尾脈之慈雲山，一樣山形峭拔，故有慈雲閣、法藏寺以及黃大仙廟置於其中。將目光放遠，名聞中外的千年名刹古寺，也藏身於常人難以攀登的山刃絕頂之中，讓方外之人靜心修法，峨嵋即屬如此，箇中原理則一。凡利寺廟等陰物者，陽人即不易居，蓋陰氣積聚，亢陽不足，生人居於此即陰陽失衡，道理顯而易見。影響所及，家中陽氣不聚，常見孤寡。

至於在荃灣山腳一帶，到海旁以迄，則受嶠星影響。

近年香港不斷進行舊區重建，「活化」之聲不絕，一些早年發展的地區例如觀塘、深水埗及荃灣等均在此列。荃灣近期有不少私人樓宇落成，住宅、商廈與酒店俱備，其中以位於荃灣南端的如心廣場最為矚目。

如心廣場樓高 88 層，高達 318 米，矗立於荃灣舊區普遍僅高 6－7 層的樓宇中，仿如拔地而起，鶴立雞群。如此高物，風水上稱為嶠星。天元歌：「矗矗高高名嶠星，樓台殿閣亦同評」，嶠星的作用有二，一是如有別的樓宇在旁，可作迴風返氣之用，或吉或凶，須視乎飛星而定；二是如在海旁，可鎖住水勢，有利聚財。

在眾矮獨高的環境下，嶠星的影響更形巨大，簡單而言，嶠星在處，可增強此方的力量。其實近在廣州，當年李默齋便曾在珠江口東端起文昌塔，於是廣州才人才輩出。「嶠壓旺方能受蔭，凶方嶠壓不安寧」，荃灣正屬此例。

如心廣場位於荃灣南方，風水上屬離卦，離為麗，為文明，故自如心廣場於 2008 年入伙後，荃灣已然蛻變，商場愈開愈

多，在荃新天地1、2期，不少著名時尚品牌紛紛進駐，充斥「潮人潮物」，在嶠星的影響下，荃灣市況亦將煥然一新，現時進行的舊區重建，即是一應。

當然，嶠星亦可為煞，如八運五黃在西南，五黃為大煞，故若如心廣場位於住宅之西南面，五黃之力首當其衝，該宅蒙受不良影響，往往做事不順遂，亦宜多加注意身體健康。

此外，八運九赤在西北，九赤為未來生氣，主進財，故如居於荃灣東南如怡東街及怡樂街一帶，如心廣場即在其西北，做事會較順遂，亦有利財運。其實風水九星，分佈八方，嶠星如在某方愈見凸出，影響愈大，上文僅舉此三例說明，餘不一一。無怪乎風水又稱地理，關乎地形方位，須從大局著眼，盱衡形勢，然後始細論飛星。

在香港，一些低矮樓宇林立的舊區中，若有一座巍峨簇新的樓宇落成，即屬嶠星所在，各位可將之對應與閣下所住單位

在眾矮獨高的環境下，嶠星的影響更形巨大——荃灣如心廣場。

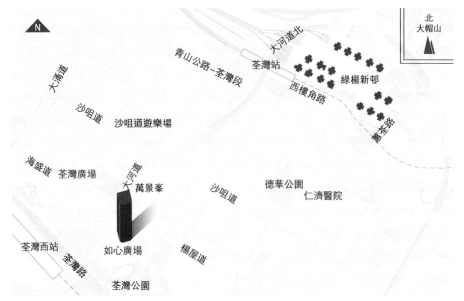

馬灣

的方位，便可知該嶠星是吉是凶。唯如兩者比例太懸殊又太接近，則一律作凶論。各位找房子時亦不妨將嶠星所在作為一個重要參考。

馬灣

馬灣四面環海，地理上近乎與世隔絕，原為小漁村，隨著青馬大橋於 1997 年通車後，馬灣猝然變天，島上東灣一帶進行大規模基建工程，興建大型私人屋苑珀麗灣，同時建造人工碼頭及沙灘，並開通交通網絡。

受惠於從東北來路的青馬大橋，將八運旺氣從遠至青衣而來，超長路遠，氣運更足，讓馬灣近年掀起一片新景象，由一片漁村，到今天島上住宅和食肆林立，設有主題公園及大型碼頭，逢周六日不少遊人湧至，另有一番熱鬧。

然而，馬灣雖然根據全港十八區規劃，納入荃灣區，唯其天然地理位置，其實與大嶼山情況一樣，處於香港的邊沿，皆屬市中心的屏帳，司護衞之職，到底「職級」有別，較難尋求巨大發展。

屯門區

　　咖啡灣沒咖啡，蝴蝶灣沒蝴蝶，黃金海岸也沒黃金，但屯門依然名實相符，只是由屯兵之門，成為今天屯人之門。近五十萬人屯此為家，屯門又是否安居之所？

　　屯門臨於香港西端，是從西面進入香港的首站，地理位置重要，古時為屯兵之門，故名屯門。今日屯門面積廣濶，根據十八區劃分，西至龍鼓灘，北面與元朗接壤，東至大欖，南面為海，遠眺北大嶼山及新機場。

　　地理上，屯門恰處於兩山之間，西面為青山所在，高聳陡峭，青山之西的龍鼓灣，面迎遼濶飄蕩的珠江口，風勢凜冽清勁，泥土不斷遭受侵蝕，露出嶙峋怪石，稱之為「鬼剃頭」，雖不失奇境，卻不適合居住；東面之大欖，山巒逶迤，景象竟與龍鼓灣出奇地巧合，皆碩大石頭突出，遍佈整個山頭，近乎惡形惡相，由屯門公路北望，尤其大欖及小欖一帶，幾無完土，於是民居絕跡，僅餘大欖懲教所及小欖治療中心等所，住著「孤寡」之人。可見屯門兩側皆帶煞，僅中間可化煞為祥，利於神仙僧道，故這種格局放諸古代，多為仙道所在。屯門在尚未開發之前，道觀、佛寺以及修道院林立，統屬方外之地，集中在精神上修為。及至在七八十年代填海後，地貌改變，始成今日民居之地。

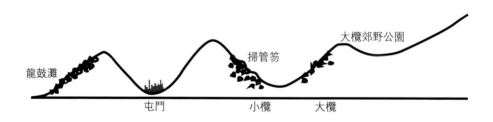

屯門恰處於兩山之間。

　　從屯門一例，可見風水發揮著自然規劃的角色。山勢陡峙，風水上視為惡煞之地，自多仙道之所；反之山勢平坦，綠草如茵，則利群眾聚居。

　　現時，居民多聚居在屯門河東西兩岸，此地悉為填海之地，筆者手上有一幅 1898 年的香港地圖，圖中明顯可見，青山灣口原極遼濶，水大無收，呈三角型向北收窄，約到今天屯門新墟附近。經過多年填海，灣口始不斷迫狹，後期更拉直成現時模樣，情況跟沙田的城門河相似。因此，現時的屯門居民多居於填海地之上，近年屯門屢聞地陷，即地基不穩之證。

　　風水上，稱填海而來之地為客土，一般「無氣」。若大局及坐向合度，也可發「祿」，亦即發財，此因水為財祿，而該地本為河口，水氣傾注，有利工商業發展，故屯門早期亦多建工廠區。可是由於地氣不深，一般難發科貴。

　　另外，從屯門往西南望去，一望無際，雖有新機場進駐，亦只稍作阻隔，風水上稱為「水大無收」。古人以為，明堂貴乎「兜收」，即從穴位望去，明堂外遠山前後疊至，將明堂重重環抱，看不見缺口，謂之「兜收」；反之，若見缺口，甚或一片汪洋，則謂之無收，常見現象是經常財來財去，而應驗之期，往往為太歲駕臨缺口之方。

　　還有，香港地少人多，人煙稠密，海景戶格外矜貴，故發展商起樓儘多沿海而建，冀建最多海景單位，樓價可以水漲船高。在商言商，本來無可厚非。唯如住宅過於貼近海邊，風水上稱之為「割腳水」，顧名思義，如水之割腳，無案頭緩衝。這類住宅在屯門市碼頭及黃金海岸一帶尤多（如啟豐園、海翠花園、邁亞美海灣、慧豐園及黃金海岸等皆在此例），愈住高層，割腳的問題愈嚴重，至於其凶應如何，須視飛星始可詳其餘。

154

屯門填海範圍。

N

元朗公路

兆康站

屯門醫院

屯門站

大欖郊野公園

青山寺

屯門市廣場

屯門舊墟　屯門公園

屯
門
河
道

新屯門中心

屯門公路

青山灣泳灘

屯門避風塘　舊咖啡灣泳灘

新咖啡灣泳灘

蝴蝶灣公園

黃金泳灘

蝴蝶灣泳灘

填海地

屯門碼頭一帶水大無收。

　　讀者容或狐疑，屯門既為填海之地，又處兩山之間過狹，加上面前水大，何以今天市況尚算興旺，逾十萬居民擇居？關鍵正在於 2003 年的西鐵通車。資料顯示，早於 1980 年代，當時社會研討了共四個鐵路路線方案，包括：一，從荃灣經元朗入屯門；二，經荃灣青山公路先到屯門再到元朗；三，將當年輕鐵之元朗站延伸至九鐵太和站，再出九龍；四，從元朗站延伸至粉嶺站，再出九龍。西鐵結果採取第一個方案，即為現正行駛之路線，從尖東，經九龍西，到荃灣站，穿過大欖隧道到元朗，再從屯門東北面駛至市中心。西鐵載客人次與日俱增，班次頻密，每天穿梭於屯門及九龍市區。西鐵通車翌年，即為八運之始，風水上之正神在東北方，此方宜有高山、高樓、高塔外，更宜有路直通，將八運當元之旺氣帶至。屯門得此天時及地利之助，故踏入 2000 年後，亦得一時之盛。

元朗區

　　在元朗，有位B仔賣涼粉賣得盤滿砵滿，有位老公賣老婆餅賣到街知巷聞；在天水圍，有人拍它的日與夜、夜與霧，也拍得譽滿國際，屢奪殊榮，似乎在元朗區經營商業大有可為，寓居於此又是甚麼光景？

　　整個元朗區幅員廣濶，大致可分為兩大部份，一為元朗市中心、朗屏，旁及十八鄉及洪水橋一帶，一為天水圍及米埔一帶。

　　元朗市中心，在青山公路元朗段，即元朗大馬路南北兩旁，一星期七天，天天遊人如鯽，繁盛程度不比旺角遜色，要考究原因，其實與本派的排龍有關。觀乎大馬路兩旁，大棠路以及康樂路一帶，街道短則十餘米，長則亦僅二、三十米，而且縱橫交錯，十字街口繁密，風水上的術語是水口極多。《都天寶照經》：「水口亂石堆水中，此地出豪雄」，據排龍，水口愈多，排得吉龍的機會愈大，有利人丁繁茂，市況暢旺，無

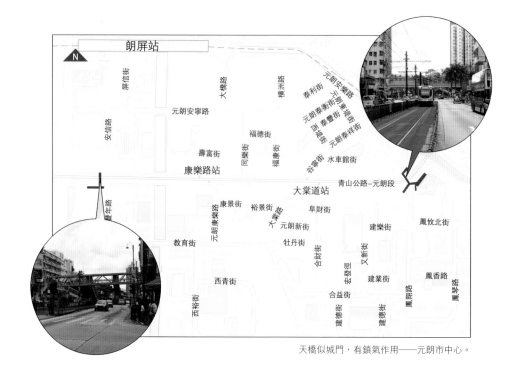

天橋似城門，有鎖氣作用——元朗市中心。

怪乎元朗著名的老婆餅以及 B 仔涼粉店天天其門如市，元朗區
之「大坑渠」，為該區之最大水口，由此可定全區之旺靜。此
外，元朗亦有部份內街走向偏駁，卦氣不純，令偏門娛樂事業
得以興旺。姑勿論行業性質，也是香港舊區特有的風貌，街道
短，市況旺，商戶紛陳；可是一些新區的規劃卻反其道而行，
一味設置大型商場，將商販悉數安置在內，美其名令市容整
潔，易於規管，實則令各區千人一面，毫無特色，風水上則使
水口銳減，排得吉龍機會更少，生意往往不如舊區街舖。事實
如此，信焉？

　　此外，天橋如何設置，亦可改變一區之風水。元朗的市中
心最旺的一段，是由鳳翔路至元朗廣場一截青山公路及其兩
旁，此二點剛好設有一道天橋接駁青山公路南北，風水上，這
類前後天橋恰如進入城內的前後城門，把進出的水流鎖緊，正

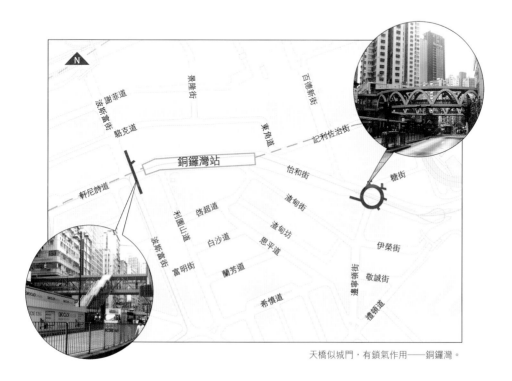

天橋似城門，有鎖氣作用──銅鑼灣。

是藏風聚水的表現，至於天橋以外，水氣流散，市況跟兩條天橋之內大有分別，讀者不妨到元朗市中心逛一逛，自會心領神會，這是風水改變後天環境一例。

這種街道與天橋佈置的效應，各位可會覺得似曾相識？是的，香港的另一旺區——銅鑼灣也是如此。銅鑼灣固然日夜繁盛，但最旺的一段，始終是波斯富街至麥當勞大廈前一截軒尼詩道兩旁，結構上與元朗市中心幾乎一樣，在波斯富街有一條天橋連接銅鑼灣廣場至對面軒尼詩大廈，至於另一端則有一條圓型天橋貫穿糖街及邊寧頓街，離開了這範圍，市況馬上遜色，這兩條天橋的作用一如元朗，令水流在城內雍聚，產生吉應。

天水圍區東北有水（濕地公園一帶），西南有山（圓頭山），八運屬零正倒置。

香港濕地公園

天瑞路
天影路
濕地公園路
天華路
天葵路
天城路
天慈路
天水圍公園
嘉湖山莊
天瑞路
朗天路
天水圍站
港深西部公路
洪天路
青山公路-屏山段
圓頭山
元朗公路

天水圍

　　天水圍前身是一條圍村，住有姓趙族人，自然環境跟南生圍相似，都是一大片基圍魚塘。在上世紀 80 年代，政府決定發展天水圍新市鎮，將魚塘填平，將部份土地批予私人發展，同時興建公共房屋，並發展公路網及鐵路予以配合。於是數以十萬人從 90 年代開始遷入天水圍，並發展至今天規模。

　　天水圍位於元朗西北面，有排水道從西南方開始，繞過西面及北面，最後在東北方流出后海灣。在天水圍附近並無高山，最接近之山位處西南方，近藍地一帶，名為圓頭山。

　　如前所述，天水圍前身為魚塘，填平後在上址興建房屋，故其住宅乃建於濕淫之地上，容易引發家庭事故。事實上，天水圍的魚塘前身目前仍有跡可尋，毗鄰的香港濕地公園就是仕濕地的基礎上改建。

　　綜觀整個天水圍，東北為濕地，也是排水道出后海灣的出口，附近無山，僅在西南方有圓頭山，故為東北有水，西南有山零正倒置之局，風水上損丁破財，亦屬不吉。

天水圍建於濕淫之地。

北區

　　如果有曾經住在北區的居民三十年前移民外地，今日重臨舊地，大概以為自己去錯了地方。上水變了上樓，十八鄉變了十八座，農場也變了商場，是滄海桑田的最佳寫照。事實上，市區樓愈住愈貴，移居新界北區日趨普遍，根本不足為怪，要關心的是，住在北區究竟如何？又應該如何選擇？

　　人所共知，香港土地不敷應用，為增加供應，進行移山填海工程，現時市中心的平地，往往都是填海地；至於新界北等較偏遠地區，過去多為農地和漁塘，滿佈水道沼澤，用以耕種養魚。這些農地和填海地一樣，皆水氣濕重，從堪輿學的角度，不利大家庭聚居。蓋水性漂盪，跟強調基礎穩固的家庭觀念相

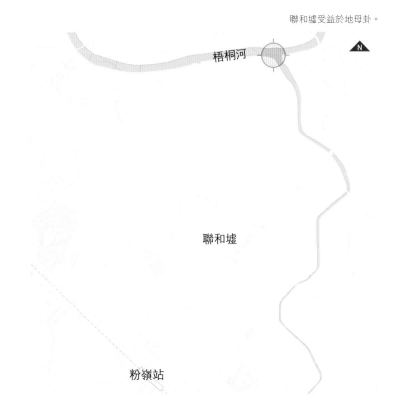

聯和墟受益於地母卦。

梧桐河

N

聯和墟

粉嶺站

悖。決定遷居新界北區時,宜按個人取向小心選擇,追求旺丁
或旺財。

　　至於論及新界北區之風水,不得不提上水及粉嶺兩地,隨
著兩區急速發展,新式大型屋苑林立,每天數以十萬計的居
民,沿鐵路線南下市區工作或北上大陸經商,蔚然成風,今天
愈吹愈烈。

　　從堪輿的角度,一地之自然山川以至人工建設均會對風水
的好壞構成影響。在新界北區,港鐵之鐵路沿線為西北與東南
走向,故掀動此二方之力尤大,風水上為乾巽向,乾為天為父,
故於乾位動氣,自會加強本港對中國的倚賴及聯系,特別是自

發展新界東北,催旺地氣,對香港整體有利。

2007 年落馬洲支線通車後，港人可直達深圳福田口岸，兩地之間的融合更趨密切。事實證明，上水站現已成為兩地物資的集散地，每日逾萬乘客中港頻繁往來。此外，位於香港西北方之深圳前海，現正進行大規模規劃，加強與本港各項業務的整合，金融更是重點項目。在可見將來，尤其當高鐵落成後，兩地交往更是無可阻擋的趨勢，可見風水的天時效應，不得不予以重視。從事中港貿易的人，不妨選擇寓居北區，固然佔盡地利，最重要是風水上兩地融合之勢不可擋，有利業務發展。

　　此外，近年政府積極籌備發展新界東北，不管中間爭論如何，但對香港的整體發展其實有利。現時為八運，八為當元旺氣，八為艮、艮為東北，故於此方動氣，得以乘時催旺，加上

東鐵線延伸到落馬洲，有利於北區地運。

深圳

羅湖站

落馬洲站

上水站

粉嶺站

道路網等配套發展，可將旺氣貫通餘區，風水上實屬可取；唯發展大型工程，難免動土，凡動土煞皆對四周環境造成短期影響，居於附近居民，宜多注意身體。

上水與粉嶺距離不遠，可以混為一談。三面環山，東北面為恐龍坑山，東面則為八仙嶺北巒，近龍山一帶，南面為大帽山北脈，經北大刀岃至和合石，僅西面及西北面為一片平原，梧桐河則在東面及北面流過。粉嶺公路及港鐵線由東南至西北方貫通。上水與粉嶺俱原為農田，經不斷發展後，公營及私營房屋林立，現時市中心一帶已經成為住宅區，樓高參天。

在上水，原土地約在新豐路至龍琛路一帶，至今仍僅樓高四五層，保持原始風貌。

至於粉嶺，最早以聯和墟為發源地，地理形勢幾乎與大埔墟同出一轍，大埔墟位於林村河及其支流之西南面，聯和墟也是在梧桐河及其支流之西南面，可見絕非巧合，現暫且不論。

風水上山管人丁，倘居於原土地上，人丁較旺，家庭狀況一般亦較為平穩，現時龍琛路一帶每天仍然熙來攘往，堪輿地理的影響力可見一班。

北區的上水與粉嶺，既有原居民的圍村，又有新市鎮林立的公私營房屋。

大埔區

通往大埔的吐露港單車徑，有許多年輕人的青澀故事；盤踞大埔墟舊市的老舖，有許多老人家的奮鬥故事；位處大埔工業邨的公司，有許多中年人的血汗故事；若現在寓居大埔，風水上又有怎麼樣的一個故事？

大埔區位於新界東面，範圍包括大埔、太和、大埔滘、汀角、船灣及部份西貢半島。

大埔及太和三面環山，林村河在太和南面流過後，續向東行，將整個大埔區一分為二，成為南北兩區，北面為汀太路及汀角路等地，再沿北上為九龍坑山，東面接駁大埔海濱公園及大埔工業區；南面則為廣福道及大埔墟等地，西南面及南面均遭大山包圍，東面為林村河另一支流及吐露港。

就大埔北而言，北面及東北面為山，東面及東南面為吐露港，南面前臨林村河，西面為太和及林村河源頭，正神零神兼得，主財丁俱旺。

至於大埔南，西南面為大帽山東北落脈至忠信里一帶，北面的林村河與東面的支流匯成三叉水，零正恰為倒置，丁財有損。故大埔南北雖僅一河之隔，但於八運之風水吉凶迴異，此

大埔北零正合局，八運當旺；大埔南零正倒置，丁財有損。

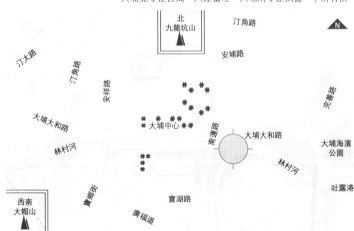

大埔也受益於地母卦。

亦即風水玄妙之趣，一山一水，一路一橋，通通未可忽視，對排龍尤然。

大埔墟是香港歷史最悠久的墟市之一，此點與其風水位置有關。大埔墟位於林村河以南，另有一條支流在東面流過，在大埔墟東北面匯流，形成三叉水，再流出吐露港，大埔墟位於該交匯點的西南面，八卦上為坤位，為地，為母。如各位小心觀察，新界另一早期發展的墟市——粉嶺聯和墟，地理形勢竟然跟大埔墟出奇地相似。聯和墟北面為梧桐河，另有一條支流在東面流過，在聯和墟東北面匯流，形成三叉水，再向軍地方向流去。

可見大埔墟和聯和墟兩個本港源遠流長的古鎮，皆發源自三叉水之西南面。類似情況並非罕見。追源溯本，中國歷來古都如漢唐之長安，皆莫不如是。長安之東北面正為渭河、涇河及灞河之匯流，發源於坤，這在今天絕少有人論及，卻是風水上一個重要的課題，蓋風水的大用，原在建都立國，今日用之於擇宅，其實流於捨本逐末。唯此並非本書題旨，暫且從略。

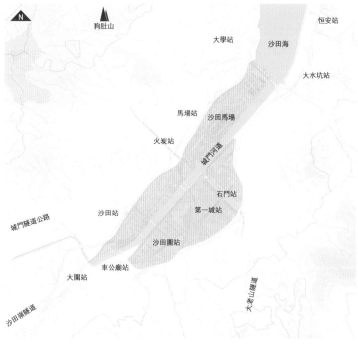

沙田區

　　説起沙田，您會想起逝去了的雍雅山房旖旎風光？還是熱辣辣的雞粥和乳鴿？尚有普羅馬迷，每星期鬥志昂揚的走進馬場，跟馬會的角力連場？沙田區似乎萬事俱備，消閒遣興都是上佳選擇，那麼寓居於此又如何？

　　沙田位於新界東部，按照地區劃分，範圍包括大圍、火炭、小瀝源、禾輋、石門，九肚山及馬料水等地。

　　沙田三面環山，大帽山在西北面婉延而下，直至西南面金山；馬鞍山聳立於東南面，一直向西南方向延伸，接壤獅子山的西脈，連同金山將沙田圍攏，僅餘城門河在東北面流出沙田海。

沙田新市鎮主要由填海而來。

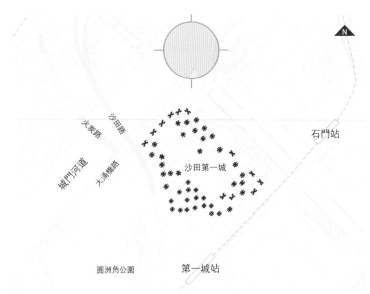

火炭路　沙田路

城門河道　大涌橋路

石門站

沙田第一城

圍洲角公園　第一城站

沙田第一城的北面正好有一個三叉水口，造成北面有水的效果，使這　小區域符合八運的零正佈局。

　　沙田原是新界的小鄉鎮，在上世紀 60 年，政府將沙田列為新界首三個新市鎮之一，於是開始重點發展，進行大規劃平整工程，包括將城門河拉直。城門河原貌曲折，河床寬闊，河口動盪，盡納吐露港急湍水流，誠「水大無收」之局，三叉水為看風水大局的一大關鍵，沙田待城門河重整後，才發展出新局面。《龍經》云：「山本靜，貴乎動；水主動，貴乎靜。」顧名思義，水常動，故靜最難求，城門河由動轉靜，原為吉應；可是城門河太直太沖，未能做到「來水有意，去水有情」的婉曲形態，風水上未免美中不足，因此歷年來沙田區亦僅小康之局，距丁財兩旺尚遠。而且現為八運，旺氣在東北方，最理想從東北方來氣，但城門河卻從西南方向東北方流去，則好對調，故氣運難免冷退。

　　從大局而言，沙田僅艮方（東北面）有水，餘皆為山，書云：「水看對面，風看來方」。沙田水在艮方，合該到下個上元二運（公元 2064-2083 年）始大發，收旺丁旺財之效，唯

在過去七運（1984-2003）時，由於沙田港鐵站及新城市廣場等地零正合局，亦收一時之盛。

城門河將沙田一分為二，西北面背靠大帽山東面山脈，東南面則面向城門河，地段涉及沙田及火炭港鐵站一帶，包括沙田中心、好運中心，以至御龍山、銀禧花園及駿景園等數個大型屋苑，另包括部份公共住宅及九肚山一帶獨立屋等；至於東南地段，則背靠馬鞍山，面向西北方的城門河，地標主要有沙田第一城、河畔花園等私人住宅。

踏入八運，沙田將有一番新面貌。以零正而言，八運零神在西南方，東方為催吉照神，最宜有寬平水光，有大路及空曠之地亦算及格；至於八運正神在東北方，而在西方、西北方及南方亦宜有山，有高樓及高塔，如是則正神零神俱備，家宅平安，財源大進。現就整個沙田區觀之，西南為金山及獅子山等地，本不合局，求財較難，唯自 2008 年尖山隧道及沙田嶺隧道通車後，剛好從西南面引水而來（馬路為水），雖非真水，亦不失權宜之效，迎來一道「水源」；東北面為城門河出口，連接沙田海，直出吐露港，正神無山，反遇大水，人丁難旺，家中人常見早出晚歸，經常離散在外，要約齊一家人到樓下食乳鴿也許都不易。

若再加以細分，沙田西北地區，得城門河流經東方照神水及東南方等地，在西北方及西方得大帽山東面餘勢倚傍，財丁俱在，故雖然整個沙田區零正倒置，西北地區尚算中吉之局，故沙田港鐵站及新城市廣場一帶的熱鬧尚可維持；至於九肚山一段，東面正對城門海流出沙田海一段，照神水大盛，西南面得火炭河流注城門河，三叉水適時適地出現，故九肚山一帶住宅財氣興盛，蓋得零神之應。

而沙田的東南地區，東面及東南面均被馬鞍山包圍，零神應為水現卻為山，進財難免受阻，可幸自馬鞍山鐵路通車後，從西南直達東北，互通往來，帶旺鐵路沿線一帶物業，包括沙

田第一城及愉田苑、愉翠園近插桅杆街兩旁的物業。

至於大圍方面，以大圍站區分，則鐵路線西北面吉凶互參。城門河上流由西北面發源，流經北面大埔公路大圍段，轉折至東面城河道，再右拐至東南面新田村流進城門河主流。西北及東北面須有山卻為水，恐怕人丁不旺，家人離散仍多，而在西南方新近落成之大型住宅「名城」，最高達 54 層，巍峨參天，宛若大山，零神方不見水而見大山，令進財倍感吃力，零正倒置。唯餘方須有水而有水，勉強可彌補不足，要發大財卻恐非其時。

而對鐵路東南面地區而言，名城則在其西北方，正合八運正神要求，南方為獅子山北脈，亦合要求，唯東北方為流入城門河主流之拐角，不見山而見水，略嫌人丁難旺。

高大的大圍「名城」就象是一座大山，使其東北方的大圍站附近區域處於零正倒置的境地。

西貢區

　　大斑有兩吃，炒球和炆骨；手機有兩用，通訊和上網；一區也有兩遊，大自然風光和密集式住宅任擇——西貢和將軍澳市貌完全不同，只因一條清水灣道，才將兩者連繫一區。事實上，從人口分佈、樓宇密度以至城市風格，西貢和將軍澳也有霄壤之別，要找出其中來龍去脈，且從風水說起。

西貢

　　位於香港東部，地理上可分為「西貢及西貢鄉郊」以及「將軍澳及清水灣半島」。「西貢及西頁鄉郊」包括西貢市中心、白沙灣、井欄樹、壁屋、大網仔、北潭涌及蠔涌等地；「將軍澳及清水灣半島」包括調景嶺、將軍澳、坑口、寶琳、清水灣、布袋澳、大赤沙和小赤沙等地。

　　就西貢區而言，整區發脈自區內西北面的大金鐘，因其形似古代金屬大鐘，故名之，為九星中之巨門山，九星山形餘為貪狼、祿存、文曲、廉貞、武曲、破軍、左輔及右弼，有吉有凶，而巨門屬吉。大金鐘從乾方蜿蜒而下，沿波蘿輋路而至灰

龍脈會潛水渡海。

窰下前的西貢公路，經過西貢公園而至西貢市集，龍氣一直透
迤，至西貢碼頭對出之羊洲始止。

西貢對出之海岸，島嶼星羅棋佈，近岸有羊洲、枕頭洲及
白沙洲等，稍遠有橋咀洲及滘西洲等地，南端亦有牛尾洲、吊
鐘洲及匙洲等，悉令水流雍聚，仿如盤桓不去，即所謂「羅星
塞水口」。羅星者，就是於水口截氣之山，大都是巨石、沙洲
或土墩等物。羅星亦有真假之分，凡真者，必有首尾，首逆上
流，尾則拖水。假者則反之，無首亦無尾。關於真羅星的形象，
各位不妨以深水灣對出之燙波洲為例，遠岸翹首，近岸低伏，
令水大而有收，故出大富之家。

至於西貢何以獨多西人居住，其實在風水上也可解釋。萬
宜水庫位於整個西貢區的東北面，故其水口亦在此方，東北為
艮，艮為夷門，為外族，在艮方動氣，即易招惹域外之人，進
入此地，加上環境清幽，與外國匹配，故得「鬼佬」垂青。

將軍澳

將軍澳雖與西貢同區，然而發脈不同，市況亦有異。將軍
澳其實與觀塘更為鄰近，位處觀塘東側。將軍澳以飛鵝山為起
脈，南渡太上托，而東至將軍澳。

說起飛鵝山，乃從古人「呼形喝象」而來，以一定之法則，
替山水命名。飛鵝山名曰飛鵝，實帶奔忙躍動之象，故若以此
發脈，輾轉帶氣而至，令居於山下者，生涯亦忙，經常早出晚
歸，一家團聚的時間不多。此為居於將軍澳之常見現象。

將軍澳之山勢如此，水勢又如何？

早於 19 世紀，將軍澳稱為東口，河口廣潤飄蕩，而出河
口前之土地原為農地，借河流水源灌溉耕種。及後於上世紀
80 年代，香港政府將將軍澳發展成新市鎮，進行大規模移山
填海工程。現時將軍澳的土地，大部份均由填海而來。

將軍澳大約可分為三大部份。

N

新都城
寶琳站
將軍澳隧道
坑口站
將軍澳運動場
五桂山
將軍澳站
調景嶺站
調景灣
將軍澳華人永遠墳場
炮台山
照鏡灣
將軍澳露灰閣
日出康城
上洋山
下洋山
廟仔墩
釣魚翁

　　將軍澳大約可分為三大部份，第一部份為現時將軍澳港鐵
站所在。這裡的大幅土地，包括北至唐明街、寶順路，南至高
爾夫球練習場海旁，皆非原山地。凡填海之地，水氣濕重，利
商業多於民居。而就零正而言，八運正神在東北，見山為吉，
該地此方為坑口站，不見高山見平地，居於此地，既受飛鵝山
發脈影響，且又居於填海地上，為生活奔馳，未必可常碰面。

　　第二部份為坑口及寶琳一帶，這裡原為農地及低窪之地，
填平後建上高樓，性質與填海地無異，皆屬「客土」。然而，
寶琳與坑口的樓宇雖同屬東北與西南對向，風水上卻有分別，
寶琳為寅申向，坑口為艮坤向，兩者相比，飛星儘管一樣，但

以坑口較佳，此其一；此外，坑口東北有山，上連清水灣道；西南望空，遠接將軍澳內海，零正合局，亦較寶琳為吉，此其二。事實上，坑口面積雖較寶琳少，市況卻較旺，此即風水之力量。

第三部份為將軍澳東南面，經填海後，將西端的小島連成一片土地，東北有釣魚翁等山，西南面為將軍澳內港，正神見山，零神見水，八運合局。是將軍澳三區風水中較佳之地。這裡商業與民居並存，環保大道由北至南貫穿。商業上為將軍澳工業邨所在地，本港亦有大型企業總部開設於此。如前所述，填海地陰氣重，大利商業，故遷入此地的公司，財務上均有增益，可是人事較為動盪；至於同區之民居，雖大圍合局，但家人始終聚少離多，而且按近堆田區，宜小心健康。

西貢對出的海面星羅棋佈，眾多的島嶼就象是羅星般，起到兜收的效果。

離島區

97 年前到東涌，別人會以為你嚮往鄉郊氣息，哪怕迢長路遠，交通轉折又轉折；97 年後到東涌，別人只當你匆忙上班，營營役役，或者趕著回家，吃飯睡覺，幹著每天的例行公事。事實上，今天的東涌，已經是不少人的家園。

究竟這個家園，風水上住得過嗎？

外局

大嶼山位處香港西南方，幅員廣濶，為香港境內面積最大的島嶼，四面環海，島內最高之山為鳳凰山，位於大嶼山中部，向四方延伸，西南面在東灣及西灣作結，東面則經二東山，蜿蜒至蓮花山，北轉至東涌；另一脈繼續向東發展，到愉景灣等地作結。

風水上，來龍源頭最高的山脈，稱為祖山，再從祖山繁衍出不同分支，而山與山之間的低處，風水上稱為「過峽」，由此一直「層層下殿」，轉到靠近穴位之山，稱為少祖，或稱為「玄武山」。

在理想的風水格局中，在祖山以至玄武山之間，所衍生出的許多支脈，風水上稱為「帳」，有如軍旅在外駐紮之帳幕，而在帳的四周，尚有許多零星小山圍繞，這些「帳」及其小山，通常在龍穴的外圍，一如保護要人組的 G4，份屬護衛者角色，本質從傭。

大嶼山的地理位置，就是充當「帳」的作用。大帽山的祖山為廣東省惠安區的羅浮山，而大帽山就是香港的祖山，大帽山分成三脈，一脈往西移，到葵涌青山一帶，一脈向東，經大窩坪輾轉渡海，到港島最高之扯旗山，由是成為港島其他山峰的祖山。

眾所周知，港島的中環是全港的核心，南北山巒均以此為中心，然後向外擴展，位置愈往外移，重要性相應愈低。因此，香港邊緣四周的島嶼，就像皇帝出巡的侍衛，用以拱護主子，

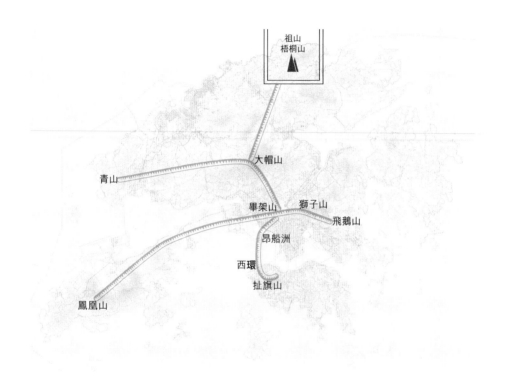

祖山
梧桐山 ▲

大帽山

青山

畢架山　獅子山

飛鵝山

昂船洲

西環

扯旗山

鳳凰山

香港龍脈走勢圖

增加氣派和威儀。這是大嶼山在風水上的先天因素。因此，大嶼山永遠無法取代中環以至其他核心地段的角色。寓居於此的人，就像一個人去郊野露營，充其量只是暫居之地，生活流動性極大。當然，天天露營，有人嫌風塵撲撲，有人樂在其中，大可各取所需。

　　至於昔日人跡罕至的東涌，在新機場及沿線鐵路的帶動下，儼然市區般熱鬧。這種轉變，跟北大嶼山公路從東北來路關係重大。各位不妨留意，香港道路網絡持續發展，幾乎每隔數年便有大型幹線落成，何以僅東涌和大角咀等昔日長年不變的市貌，於 2000 年後猝然變遷最大，氣象最新？這種改變風水的後天力量，不可忽視。所以，風水關乎先天與後天的配合

和變化，宜小心參詳。

　　其他離島方面，南丫島別有特色，它明顯比其他島嶼，包括長洲及坪洲等更多外國人居住，彷彿是「鬼佬」等外人的天堂，這點與其索罟灣碼頭的地理方位有關，相同情況亦見於愉景灣和舊啟德機場，各位如果想做外國人生意，不妨以此考慮。然而，南丫島始終和大嶼山一樣，只可擔當香港屏帳角色，礙於先天所限，寓居於此，難以大發科貴。

南丫島、大嶼山、長洲等離島，始終只可擔當屏帳角色。